事例たっぷり！

新版

絶対に失敗しない

相続の手続き

相続手続支援センター●著

ビジネス教育出版社

はじめに

「相続」と聞くと、煩わしい、面倒くさい、もめそう、ややこしい……などマイナスのイメージをもたれる方が多いようです。

実際に一生に一度か二度しか経験しないことなので、そう思われるのも仕方がありません。相続に関する書籍も、たくさん出ていますが、読めば読むほど難しそうです。

しかし、実際の相続の手続きは、実は簡単なのです。

必要な書類は、

①生まれてから亡くなるまでの連続した戸籍謄本
②相続人全員の戸籍謄本
③相続人全員の印鑑証明書

以上だけです。（本書ではこの書類のセットを「相続セット」と呼びます）

この「相続セット」を準備したうえで、次の2つの手続きをします。

①亡くなられた方の名義になっているものを、解約するか、名義変更する。
②「手続き先の所定の用紙」か、「遺産分割協議書」に実印を押して提出する。

冒頭に「かんたんに108種類の手続きがわかるチェックリスト」を作っておきました。この中で該当する手続きだけをやれば完了です。


相続の本質は、これだけなのです。

それなのに、なぜ「相続は面倒くさい」と思われるのでしょう。

その理由は、1件たりとも同じ「相続」はないからです。私たちは相続の現場を、裏も表も5万件近く見てきましたが、全く同じ相続はありません。

社会的に活躍されていた方ほど、多くの相続手続きが必要になります。

相続人に認知症など意思能力に欠けた方がいる、あるいは相続人に行方不明の方がいらっしゃる場合があります。時には、家族仲が良くなかったために「実印を押したくない」という相続人もいます。

震災などで、市役所ごと戸籍謄本がなくなってしまっている場合もあります。

預金もあるけれど、多額の借金も残されている場合もあります。

どんな相続でも、ひとつやふたつ何らかの問題を抱えている場合が少なくないのです。

それが「相続は面倒くさい」と思われる理由でしょう。

しかし、もう一度言います。実際の相続の手続きは、実は簡単なのです。

相続は、「相続セット」と「実印を押印した所定の用紙」を提出すれば手続きは完了します。

けっして難しくありませんので、安心してください。

ただ、それぞれの家の事情によって、必要な手順が増えることがあります。

本書の事例では「特別な事情」がある場合の相続手続きについて、たくさん取り上げておきました。

本書を一度、ななめ読みをして、自分の家族に該当することがあるかを、まず見つけてください。

〜将来の自分やご両親の相続に備えて、本書を手に取られた方へ〜

相続の手続きは、故人の方が何十年も社会生活を送ってきた総決算です。

非常に多岐にわたりますので、手続きの漏れがないように注意しなければなりません。

悲しみにくれるあまり、手続きが遅れてしまうと給付されるはずの給付金がもらえなくなったり、遅延金を徴収されたりといった、経済的な不利益を受けることもあります。

ぜひ本書を読んで、正確な情報を手に入れてください。

それが、相続の手続きで失敗しないための方法です。

本書では、手続きを進めていくうえで陥りやすい間違いや、注意しなければならないこと、そして知っておいたほうがいい情報をまとめました。

本書の特徴として、事例をふんだんに交えているのは、机上の空論ではなく、実際に経験してきた生の事案をご紹介することによって、相続をできるだけ身近に感じてもらおうと考えたためです。

なお、事例の中に出てくるお名前は、すべて仮名です。

雑学としての知識や、読み物としても満足いただけるように、できる限りわかりやすく情報を盛り込みました。

本書は、平成25年7月に初版を発刊しましたが、「事例が多くわかりやすい」「我が家の相続に備える対策本としても参考になる」など、おかげさまで多くの読者から好評をいただきました。

このたび、その後の3年間に相談を受けた事例から6件を追加するとともに、平成27年1月から施行された相続税の増税をはじめとする制度改正などを織り込み、装いも新たに「新版」を発刊するはこびとなりました。

本書が旧版にも増して、相続に悩む多くの方々のお役に立てれば幸いです。

平成28年6月

米田貴虎

かんたんに108種類の手続きがわかるチェックリスト

	届出・手続き	届出先・手続き先	該当	完了
	共通の手続き			
1	遺言書の有無の確認			
2	相続人の調査			
3	相続財産の調査 （預金、不動産などの遺産）			
4	遺産分割協議			
5	遺産分割協議書の作成			
	役所関係の手続き			
6	死亡届	市区町村役場		
7	死体火（埋）葬許可申請書	市区町村役場		
8	世帯主変更届	住所地の市区町村役場		
9	児童扶養手当認定請求書	住所地又は本籍地の市区町村役場		
10	復氏届	住所地又は本籍地の市区町村役場		
11	姻族関係終了届	住所地又は本籍地の市区町村役場		
12	改葬許可申立書	旧墓地の市区町村役場		
13	営業免許等許認可の変更届出	許認可の官庁		
14	印鑑証明カード	住所地の市区町村役場		
15	住民基本台帳カード	住所地の市区町村役場		
16	国民健康保険証	住所地の市区町村役場		
17	介護保険証	住所地の市区町村役場		
18	パスポート	旅券事務所		
19	シルバーパス	住所地の市区町村役場		
20	高齢者福祉サービス	住所地の福祉事務所		
21	身体障害者手帳・療育手帳など	住所地の福祉事務所		
22	高額療養費の請求	国民健康保険・協会けんぽ・健保組合		
23	高額介護費の請求	介護保険		
24	遺族基礎年金・寡婦年金 死亡一時金・未支給年金	年金事務所		
25	遺族共済年金	各共済会		
26	葬祭料	各共済会		
27	葬祭費	国民健康保険		
28	埋葬料・家族埋葬料	協会けんぽ・健保組合		
29	埋葬費・遺族厚生年金	厚生年金		
30	葬祭料・遺族補償年金	労災保険		
31	農地法の届け出	各市町村の農業委員会		
32	森林法の届け出	森林組合		
33	銃砲刀剣類登録変更	教育委員会		
	日常の手続き			
34	運転免許証	最寄りの警察署		
35	自動車・軽自動車の名義変更	陸運局・軽自動車協会		

	届出・手続き	届出先・手続き先	該当	完了
36	自動車納税義務者	県税事務所・市税事務所		
37	自動車保険（自賠責・任意保険）	保険会社		
38	墓地の名義変更	墓地管理者		
39	クレジットカード	クレジット会社		
40	互助会積立金	互助会		
41	電話	NTT など		
42	携帯電話	携帯電話会社		
43	衛星テレビ・ケーブルテレビ	衛生・ケーブルテレビ局		
44	特許権	特許庁		
45	音楽・書籍等の著作権	著作権管理団体等		
46	貸付金	貸先		
47	借入金	借入先		
48	ゴルフ会員権	ゴルフ場		
49	デパート会員証・積立て	デパート		
50	フィットネスクラブ会員証	フィットネスクラブ		
51	航空会社のマイレージ	航空会社		
52	JAF 会員証	JAF		
53	パソコン・インターネット会員	プロバイダー等		
54	老人会会員証	老人会		
55	パチンコ預玉カードの解約	パチンコ店		
56	リース・レンタルサービス	リース会社等		
57	IC 乗車券 (suica など)	鉄道会社		
	金融機関への手続き			
58	預貯金の口座・キャッシュカード	銀行・信金・信組・農協		
59	貸金庫	銀行・信金・信組		
60	出資金	信金・農協・生協・森林組合		
61	銀行引き落とし口座	銀行・信金・信組・農協		
62	銀行等からの借入金	銀行・信金・信組・農協		
63	カードローン	銀行・信金・農協・ローン会社		
64	公営ギャンブルの電話投票解約	JRA など		
65	生命保険付住宅ローン	銀行・信金・農協		
66	投資信託等有価証券	証券会社・取扱い金融機関		
67	株式・債券	証券会社・発行法人		
68	端株・未電子化株式	証券代行会社		
69	未収配当金の受取	証券代行会社		
70	弔慰金国債・軍人恩給	ゆうちょ銀行・総務省		
71	生命保険	保険会社		
72	簡易保険	かんぽ生命		
73	入院給付金	保険会社		

	届出・手続き	届出先・手続き先	該当	完了
74	家屋の火災保険の名義変更	保険会社		
	住居・不動産関係の手続き			
75	借地・借家	地主・家主		
76	賃貸住宅	家主・仲介不動産業者		
77	市営・都営・県営住宅	住宅供給公社		
78	相続登記（名義変更の不動産登記）	司法書士		
79	抵当権抹消登記	司法書士		
80	所有権保存登記（家屋等が未登記の場合）	司法書士		
81	固定資産税納税者代表選定	市町村の固定資産税課		
82	未登記家屋の登録者名義変更（家屋等が未登記の場合）	市町村の固定資産税課		
83	建物表示登記	土地家屋調査士		
84	建物滅失登記	土地家屋調査士		
85	土地分筆登記	土地家屋調査士		
86	土地境界確定	土地家屋調査士		
	勤務先・会社関係の手続き			
87	死亡退職金・最終給与	勤務先		
88	健康保険証	勤務先		
89	団体弔慰金	勤務先		
90	役員から法人への貸付金	会社		
91	自社株式名義変更	会社		
92	会社役員変更登記	会社・法務局・司法書士		
	税務署関係の手続き			
93	所得税の準確定申告	税務署・税理士		
94	医療費控除の還付請求	税務署・税理士		
95	個人事業の廃業届	税務署・税理士		
96	相続税の申告	税務署・税理士		
97	障害者控除対象者認定	市区町村役場		
	裁判所関係の手続き			
98	遺言書の検認・開封	家庭裁判所・弁護士・司法書士		
99	遺言執行者の選任	家庭裁判所・弁護士・司法書士		
100	遺言内容の執行	遺言執行者・受遺者		
101	相続放棄・限定承認申立	家庭裁判所・弁護士・司法書士		
102	分割協議の調停・審判	家庭裁判所・弁護士・司法書士		
103	裁判所外での協議	家庭裁判所・弁護士		
104	遺留分減殺請求	家庭裁判所・弁護士		
105	子の氏変更許可申請書	家庭裁判所・弁護士・司法書士		
106	成年後見人等の選任	家庭裁判所・弁護士・司法書士		
107	特別代理人の選任	家庭裁判所・弁護士・司法書士		
108	失踪宣告	家庭裁判所・弁護士・司法書士		

◆新版　事例たっぷり！　絶対に失敗しない相続の手続き◆目　次
～相続手続きの実態、５万件の現場経験からのアドバイス～

役所に提出・返却する手続き　108

勤務先（在職中の場合）に対しての手続き　119

引き継ぐ手続き

不動産の手続き

第4章　自分で手続きをするときに失敗しない方法

（少しでも、皆様の参考になれば嬉しいです）

第1章
相続の基礎知識と手続きの順番

相続のイロハ

相続と聞くと、

「私には関係がない」

「遺産なんてないもの」

「どこかのお金持ちの話でしょ」

「財産なんて我が家にはないもの」

という答えがよく返ってきます。

しかし、これは大間違いです。

テレビなどでは、テレビ朝日系列で「遺産争族」という連続ドラマが放映され、遺産相続を巡る〝争族〟に巻き込まれたお婿さんという設定で、向井理が主演し、高い関心を集めていました。

たしかに、遺産がたくさんあるご家庭というのはなかなかスムーズに手続きが進まないことが多いのは事実です。

しかし、遺産があってもなくても相続の手続きは１００％発生します。

預金の名義変更しかり、公共料金の支払者の変更しかりです。

けっして大金持ちのご家庭だけの話ではないのです。

本書を読んでおられるということは、すでに相続が発生したか、これからの相続のための準備をしておきたいか、どちらかだと思います。相続は身近な問題ということはご存じだと思いますので、この章では、まず相続の基礎的な知識をお伝えします。

相続の手続きを進めるにあたって、少し言葉は難しいかもしれませんが、「誰が相続人になるか」を押さえておかなくてはなりません。

■相続の順位

亡くなった方の配偶者は、常に相続人です。

第一順位　亡くなった方の子

（子が先に亡くなっている場合は、さらにその子）

第二順位　亡くなった方の父母

（父母が亡くなっている場合は祖父母等の直系尊属）

第三順位　亡くなった方の兄弟姉妹

（兄弟姉妹で先に亡くなった方があればその子）

先順位の相続人がいない場合のみ、後順位の人が相続人になります。

一般的には、妻（夫）と子供。

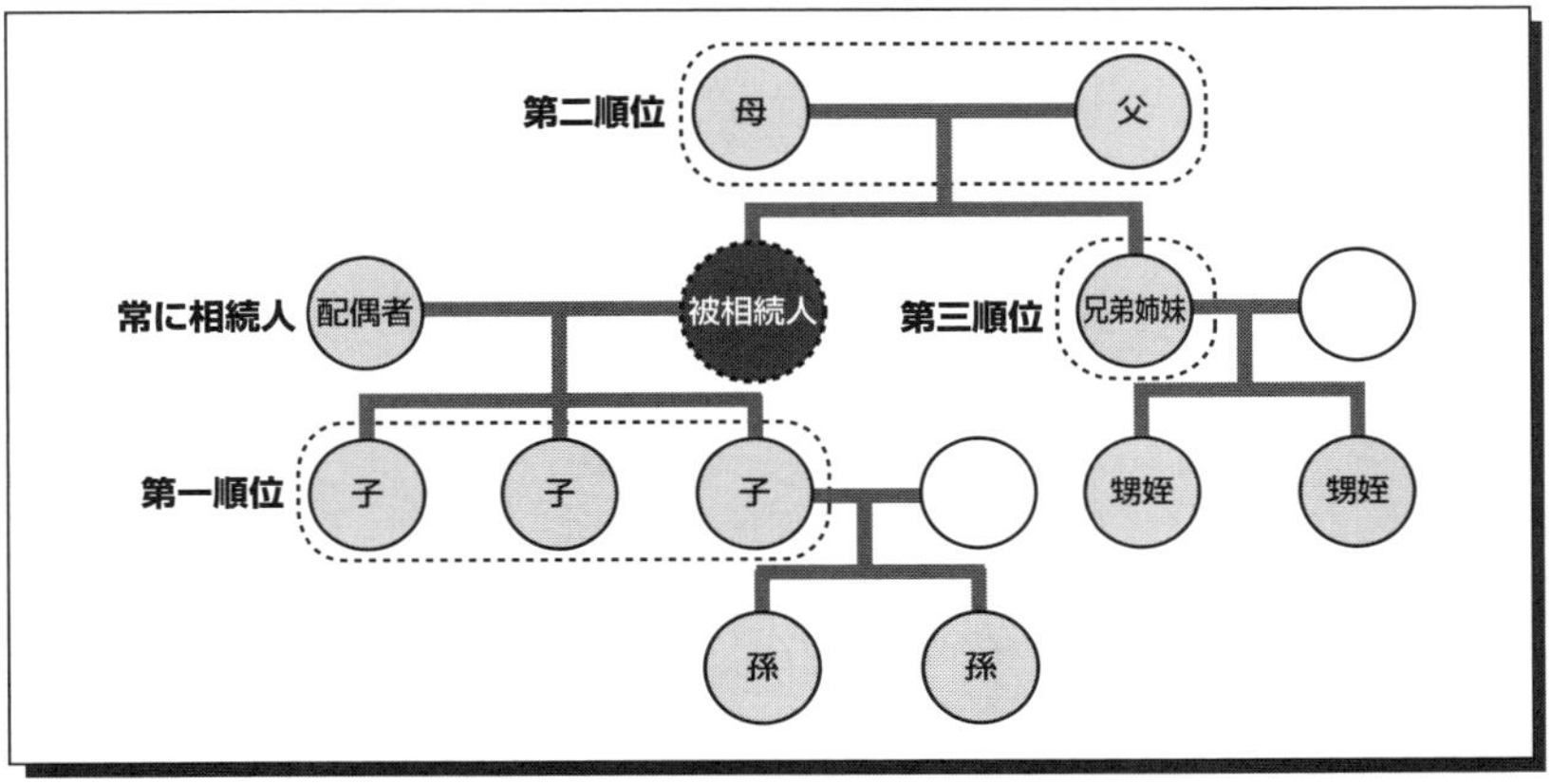

子供がいなければ、妻（夫）と両親が相続人。ただし、両親はすでに亡くなっている場合が多いので、兄弟姉妹が相続人となります。

妻（夫）がいない場合は、両親（いなければ兄弟姉妹）です。

いずれの場合も、兄弟姉妹が亡くなっていれば代襲相続となり、その子供たち（甥や姪）が相続人となります。

■相続財産の範囲

原則は亡くなった方の、死亡したときの財産です。

故人名義のもので、現金に換えることができるものは、すべて相続財産になります。

例えば、財布の中身はすべて遺産です。

ただし、仏壇・位牌等の祭具は、相続財産にはなりません。

生命保険の死亡保険金は、受取人固有の財産として遺産分割の対象財産にはなりませんが、相続税法上は、生命保険も相続財産（みなし相続財産）として計上します。

相続財産については、次の章で詳しく述べますので参照ください。

■相続の手続き

次に、相続の手続きをどのように進めていくかの、代表的な例をお伝えします。

詳細は次の項で詳しく説明しますが、まずは左の図を見て、概略を頭に入れておいてください。

代表的な手続きのフロー

①遺言書の有無の確認

自筆証書遺言（自宅金庫・貸金庫・タンス・仏壇の中など）
公正証書遺言（上記の他、公証役場）

②相続人の確定

亡くなった方の出生から死亡までの、連続した戸籍（除籍、改製原戸籍等）をすべて取得し、法定相続人を確認する。

③相続財産の確定（相続財産目録）

不動産の確認（固定資産評価証明書、登記事項証明書、地図公図など）
金融資産の確認（銀行、信託銀行、信用金庫、農協などの預貯金通帳など証券会社の口座、端株、公社債などの有価証券、投資信託）
出資金などの確認（非上場株式、信用金庫・農協などの出資金など）
債権債務の確認（借金や未払金、貸しているお金）
生命保険金等の確認
その他財産の確認（著作権・宝石・絵画・茶道具、その他換金できる動産）

④遺産分割協議

相続人と相続財産が確定したら遺産の分け方を話し合い、遺産分割協議書を作成

⑤解約・名義変更等手続き

遺産分割協議書か、届出先の所定の用紙に従って、名義変更や解約等の手続きをする

「あるかないかで大違い」〜遺言書の有無の確認〜

相続の手続きで、まずしなければならないことは、遺言があるかないかの確認です。

遺言書は、通帳などの重要書類と一緒に、一ヵ所に保管されていることもあります。他にも、自宅の金庫の中、仏壇の中、タンスの中、ファイルの中、机の引き出しの中、額の裏、貸金庫の中と、人によって保管場所は様々です。

まずは、保管されていそうな場所を、しっかりと探してみてください。

遺言を作った人は、

①作成したこと

②どこに保管されているか

を信頼できる人に伝えておかなければ、せっかく作成した遺言書が、誰にも見つかることなく、闇にまぎれてしまうことになりかねません。

また、手続きがすべて完了した後に、遺言書が出てきた場合は、手続きをやり直すことになったりします。

一番問題なのは、相続人の間でしっかり話し合ってまとまった遺産分けの内容と、遺言書の中身が全く違った場合です。

相続人の間で、感情的なしこりが残ることになります。

遺言書が見つかるのが遅かったせいで、円満だった家族がもめてしまうということになりかねないので、保管場所はきちんと選んで、誰かに伝えておくべきです。

■役場でも保管されている遺言書

自宅で遺言書が見つからない場合でも、ご安心ください。

公証人（裁判官・検察官・弁護士などの実務経験がある法律家の中から法務大臣が任命した公務員）が作成した公正証書遺言は、公証役場でも保管されています。

遺言者が亡くなった後、相続人などが、公証役場で名前と生年月日と続柄等を知らせると、「公正証書遺言検索システム」を使って検索してもらうことができます。

平成以降に作成されていれば、遺言を作った人が130歳になるぐらいまで保管されていますので、確認することができます。

ほとんどの公証役場は平成以降に作成された遺言書しか保管されていませんが、大阪は昭和55年から、東京は昭和56年から検索可能です。

残念ながら、昭和の時代に作成された遺言書は、住んでいた所の最寄りの公証役場などに直接行って、確認するしかありません。

逆に遺言書の内容を誰にも見られたくなく、でも遺言を有効に使ってほしい人は、この制度をうまく活用できます。

公正証書で遺言書を作成して、作ったときに渡された遺言書を破り捨てて、「私が亡くなった後は、公証役場で遺言書を確認しろ」とだけ相続人に伝えておけば願いが叶います。

■絶対に遺言書を入れてはいけない場所

銀行の貸金庫には、遺言書を保管してはいけません。

なぜなら、遺言書が入っている貸金庫を開けるために、金融機関所定の用紙に相続人全員の実印を押印して印鑑証明書を提出しなければならないからです。

すぐに連絡が取れて、同意が得られる相続人ばかりであればいいですが、どこにいるのかわからない相続人や、簡単に同意してくれない相続人がいた場合は、貸金庫を開けるという手続きだけで大変です。

自分以外に貸金庫を開ける人がいない場合は、遺言書は貸金庫ではないところで保管するべきです。

もしも、貸金庫に遺言書を保管する場合は、本人以外でも貸金庫を開けることができる手続きをしておくことが必要です。

なお、貸金庫を借りているかどうかは、銀行名で通帳から引き落としがあるかどうかで、わかることがあります。

■貸金庫を開ける裏技

銀行の理解は必要ですが、相続人の1人だけで貸金庫を開けることができる裏技があります。

それは、公証人に貸金庫の中身を確認してもらい、「事実実験公正証書」を作成してもらうという方法です。

公証人は、直接見たり聞いたりしたことを、公正証書にすることができます。

これにより、貸金庫を開けて中身を確認して、後々、金庫の中に何があったかということで、もめないようにすることができます。

※日本公証人連合会によれば、公証人は、五感の作用により直接見聞した事実を記載した「事実実験公正証書」を作成することができます。事実実験は、裁判所の検証に似たもので、その結果を記載した「事実実験公正証書」は、裁判所が作成する「検証調書」に似たものであり、証拠を保全する機能を有し、権利に関係のある多種多様な事実を対象とします。

■そのままでは使えない遺言書　～検認と開封～

遺言書が見つかった場合は、手続きの進め方がその種類によって変わります。

公正証書遺言であれば、すぐに中身を確認して、そのまま手続きができます。

一方、自筆証書の場合は、そのままでは使うことができません。

まずは、家庭裁判所で検認という手続きが必要です。

この検認の手続きが、結構大変です。

次のような手順です。

①まずは、遺言を書いた人の生まれてから亡くなるまでの連続した戸籍を集めて、相続人を確定します。

それから、その相続人の住民票を集めて住所を確定させてから、裁判所に持っていかなければなりません。

裁判所が自動的にやってくれるわけではないのです。

←

②次に、検認の申請書を出して受付してもらいます。

↓

③数日後、家庭裁判所が、

「○月□日の△時に家庭裁判所の☆号室で、遺言書の開封と検認の手続きを行いますので、来てください」

と書かれた、書面を相続人全員に送ります。

↓

④検認の日の当日、遺言書を持っている人が裁判所に持って行って、ようやく開けることができます。

申し立てしてから、その遺言書の検認を行うまで、家庭裁判所の混み具合にもよりますが、1ヵ月から2ヵ月かかることもあります。

家庭裁判所から、遺言を開ける日の手紙が来ますが、別に全員が出席しなくてもかまいません。

欠席した人は、家庭裁判所に言えば、後日遺言書のコピーをもらうことができます。

しかし、ここで大きな問題があります。

せっかく検認を受けた遺言書も、使えない場合もあるのです。

検認の手続きは、有効か無効かを判断するものではなく、ただ、「こんな遺言書がありますよ」ということを、証明する手続きだからです。

書かれている内容が有効か無効かに争いがある場合は、別に裁判をして、その遺言書が有効であるという判決をもらわなければなりません。

この遺言書は無理やり書かされたものだとか、あのときはボケていたとか、市販されている遺言キットの下書きに書かれていたから無効だとか、この遺言の検認のときに、兄弟ゲンカが起きることもあります。

自分で書く遺言書は、作るのは簡単ですが、使うのは本当に大変です。

事例1

自分で書いた遺言の手続きに四苦八苦

お母様が亡くなられたAさんは、自筆の遺言を持って相談に来られました。

検認の手続きを経て、遺言の中身を確認したところ、

「マンションと、現金はすべてAさんに相続させる」

という内容のものでした。

しかし、ここで問題が起こります。

実は、お母様はこのマンションに、2部屋を所有しておられたのです。

法務局に確認したところ、

「不動産が特定できていないので遺言による名義変更は難しい」

という返答でした。

せっかく作った遺言が使えないということです。

結局は、他の法定相続人を交えて、遺産分割協議にて不動産の名義変更を行いました。相続人全員から、実印と印鑑証明書を集めるのに、大変苦労されました。

当たり前の話ですが、亡くなられた後の手続きがどうなったかということは、遺言書を書かれたご本人は、知る由もありません。

でも、亡くなる2ヵ月前、世話になった娘のためにと、せっかく愛情をこめて遺言を書かれたのに、その後の手続きで思いもよらず四苦八苦させてしまった……。

やはり、亡くなられた方として、とても悲しいことだと思います。

今回のように、不動産を相続させるために、自筆で遺言を書く際には、必ず不動産を特定できる書き方が必要です。

できれば、登記事項証明書をとって、そこに書かれている所在、地番、地目、地積、家屋番号などを書くことが望ましいです。もしくは遺言書作成の際には、専門家にご相談いただくことをお勧めします。

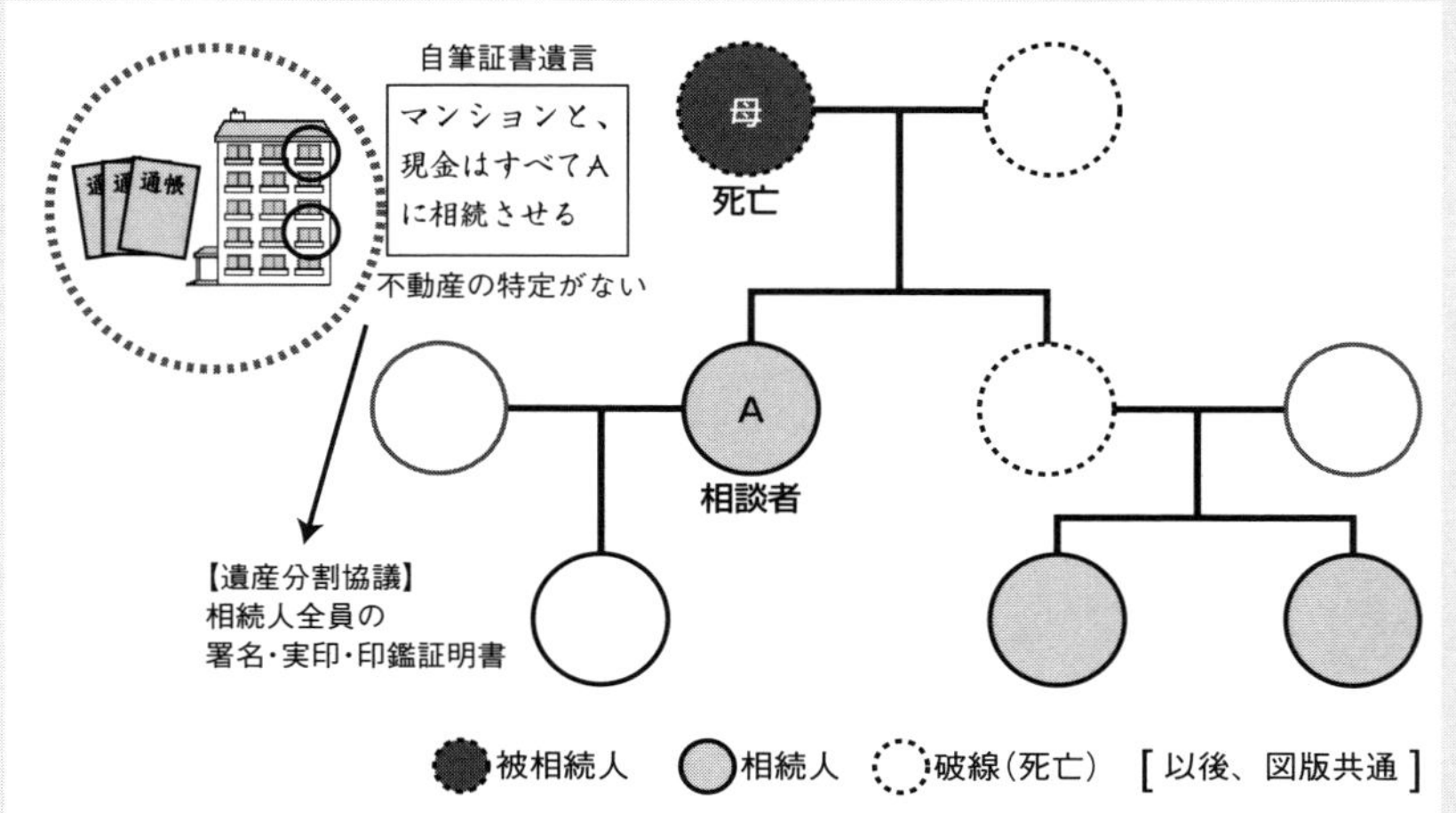

事例 2

夫婦で一緒に書いた遺言書

Dさんは、夫が亡くなられてから相談に来られたときに、遺言書を持ってこられました。

内容は、

「夫が先に死亡すれば夫の遺産を妻に相続させ、妻が先に死亡すれば妻の遺産を夫に相続させる」と連名で書かれたものでした。

しかし、残念ながらこの遺言は使えませんでした。

夫婦が同一の遺言書で遺言する「共同遺言」は民法で禁止されているからです。

結局手続きは、せっかく作った遺言ではなく、遺産分割協議書に他の相続人から実印を押してもらう方法で行いました。

夫婦2人だけなら、一つの遺言書で済ますことができると思われがちですが、誤解されやすいので注意が必要です。

■勝手に封を開けてしまうとどうなる

遺言書には、封がしてあるものと、していないものがあります。

封筒に遺言書と書いてあれば、それが遺言書だとわかりますが、何も書いてない封がしてある封筒の場合は、それが遺言書かどうかわかりません。

勝手に遺言書の封を開けても無効になるわけではありませんが、勝手に開けると5万円の過料という罰則があります。

封がしてあれば遺言書であろうと想定して、検認の手続きをすることが必要です。

また、遺言書を最初に発見した人が、勝手に封を開けて中身を確認して、自分に不利な内容だと思って破って捨ててしまうと、その人は、何も相続することができなくなる相続欠格者になってしまいます。

※民法第891条　次に掲げる者は、相続人となることができない。（相続人の欠格事由）

五　相続に関する被相続人の遺言書を偽造し、変造し、破棄し、又は隠匿した者

■遺言に書かれている内容を実行する人　～遺言執行者の選任～

遺言の内容を読んでみて、遺言執行者が指名されているかどうかを確認します。

遺言執行者とは、遺言の中身を実現する人です。

しかし、遺言書の中に、必ず書かれているとは限りません。

遺言者が指名した人であれば誰でもなれますが、未成年や認知症の人はなれません。

公正証書遺言の場合は、ほとんど記載されていますが、自筆証書遺言の場合は、書かれていないことが多いです。

不動産の名義変更などは、遺言執行者がなくてもすることができます。

しかし、金融機関の中には、預金の解約手続きに応じてくれないことがあります。

検認を受けた自筆証書遺言があっても、相続人全員の実印と印鑑証明書が必要であると言われる金融機関が増えてきているため、執行者の選任をしなければならない場面が増えてきています。

この遺言執行者が記載されていなければ、家庭裁判所に遺言執行者の選任の申し立てを申請して、選んでもらうことになります。

その候補者は、こちらから推薦することはできます。

事例3

執行者の選任をすると楽

後妻であるBさんが、ご主人Aさんが亡くなられたということで、相談に来られました。

相続人はBさんと、前妻との間の長男Cさんと長女Dさんの3人です。

現在、妻Bさんと長女Dさんが同居、長男Cさんとは、二十数年音信不通の状態が続いております。

そういった心配もあったのでしょう。

被相続人Aさんは、自筆証書遺言を残しておりました。

検認手続きも行い、いざその遺言を見せていただくと、「土地・建物は妻Bと長女Dに2分の1ずつ譲渡する」

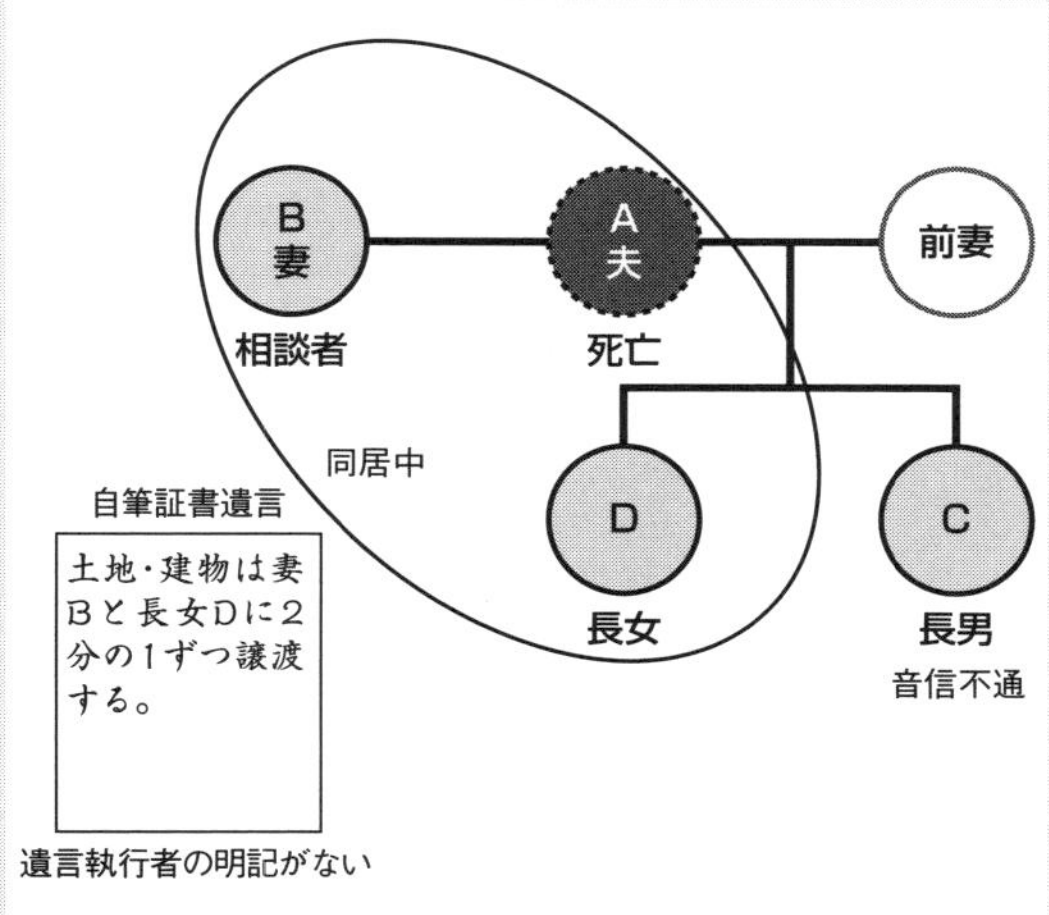

と書いてありました。

結局、司法書士を遺言執行者として家庭裁判所に選任してもらい、司法書士の連絡により、長男Cに署名押印をしていただきました。

自筆証書遺言の場合、分割の主旨が尊重されたとしても、手続き上は他の相続人の署名押印が必要となることがあり、よくある「もめる相続」の典型的なパターンです。

今回の場合も、自分で書いた遺言書に執行者を決めていなかったことと、「相続させる」という文言ではなく、「譲渡する」と書かれていたことが問題でした。

その点、公正証書遺言では、遺言に記載のない相続人から署名押印をもらう必要もなく、法律的にもきちんとした体裁が整っており、手続きを簡素化することができます。

本人確認など、金融機関等の手続きが厳しくなってきている昨今では、公正証書遺言に遺言執行者を指定しておく方法が最も確実な遺産相続の方法です。

事例４　遺言をスムーズに実現する魔法の方法

子供のない夫婦の夫が亡くなりました。

夫には兄弟がたくさんおり、相続人は妻と夫の兄弟、甥姪計８人になりました。

夫は病気で亡くなる３日前に、

「全財産を妻に相続させる」

という自筆証書遺言を書いており、それに基づいて相続のお手伝いをしてほしいという依頼でした。

自筆証書遺言は、家庭裁判所で検認という手続きが必要です。検認が終了したのち、銀行の解約手続きや不動産の登記の申請をすることができます。

この被相続人の相続財産は、主に銀行預金と自宅不動産でした。預けてある銀行も、都市銀行から地方銀行まで6行あり、解約書類もまちまちでした。

たとえ、遺言書があっても（このケースでは兄弟甥姪の遺留分もないにもかかわらず）、相続人すべての署名と印がないと手続きできないというのが、銀行のスタンスです。

ところが、ここで魔法のように手続きが簡単になる方法があるのです。

それは、遺言書検認後に、遺言執行者の選任を家庭裁判所に申し立てする方法です。

このケースでは元の遺言書には、遺言執行者の指定がなかったので、検認後に受遺者である妻が遺言執行者になる旨申し立て、審判を受けました。

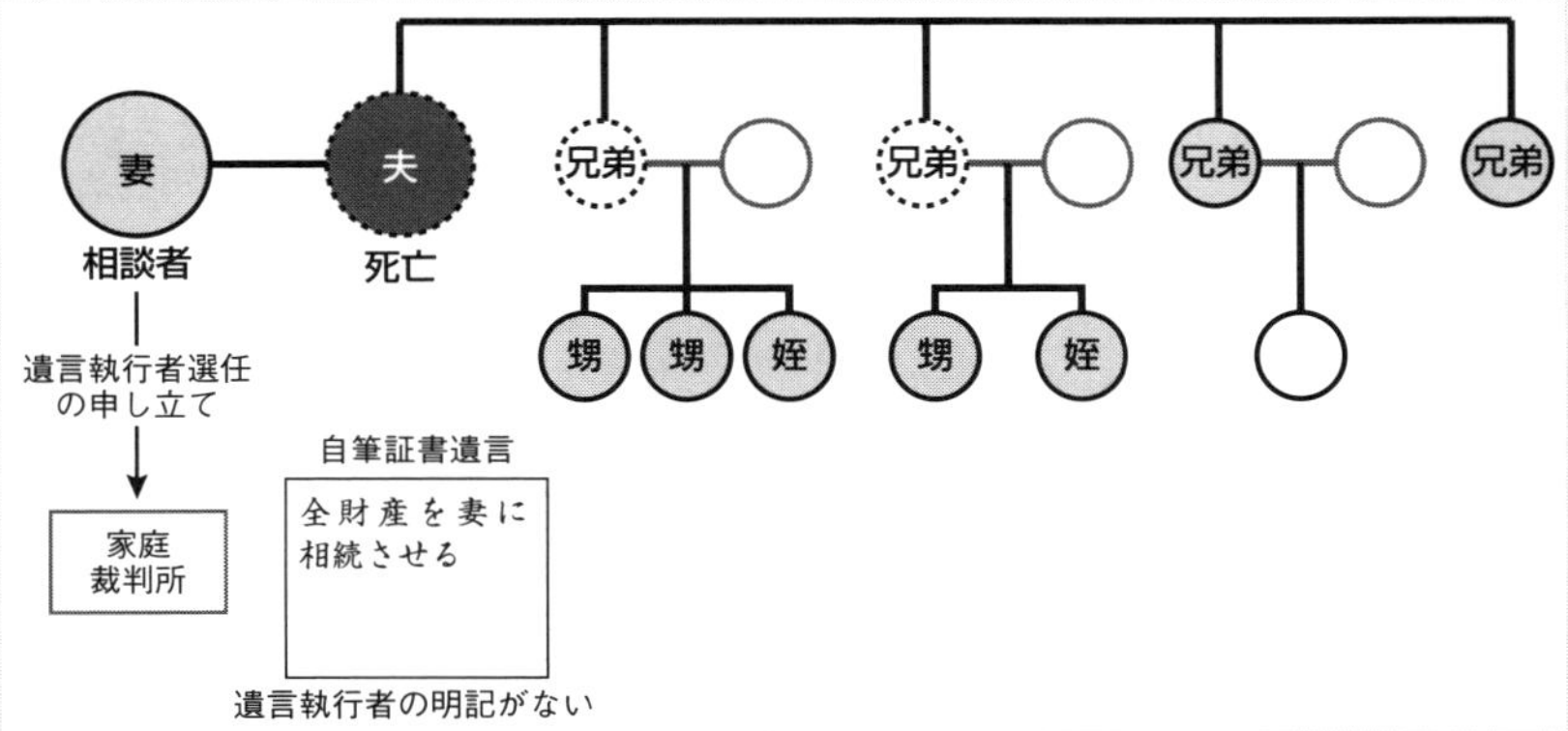

この審判書を手にしてからは、銀行の手続きは妻ひとりの署名、印で完了し、夫の兄弟に手伝いを頼むことなく、簡単に解約ができました。

■最低限もらえる権利　～遺留分の減殺請求～

遺言書に、

「お前には何もやらない」

と書かれていても、少しは遺産をもらえる権利があります。

それを遺留分といい、法律で定められた、最低限保障された相続人の権利です。

おおよそ、法定相続分の約半分です。

両親・妻・夫・子供にはありますが、兄弟姉妹にはありません。

主張することができる期間は、「自分が相続人だ」ということと、「最低限の権利が保障されていないじゃないか」ということを知ってから1年が期限です。

全然知らなくても、相続が開始してから10年経てば請求できなくなります。


よく間違えられますが、この遺留分の請求は絶対しなければならないことではありません。

請求をするかしないかは、相続人が自由に決めることができるものです。

自分が、最低限もらえる権利である遺留分が、もらえないとわかったときに初めて、その相続人がやろうと思ったらやるという制度です。

やらなくてもいいのです。

申し立ては、家庭裁判所や市役所にするのではなく、相手方に意思表示をするだけです。会って伝えても電話で伝えてもいいですが、言った言わないと後でもめないように、内容証明郵便で送ることがほとんどです。

証拠が残りますので、この方法が多く用いられます。

この遺留分は、介護をしていなくても、音信不通で全く会ってなくても、請求できる権利です。この遺留分の請求があると、弁護士によって裁判や調停が行われることがほとんどです。

遺言書を作る段階で、遺留分の請求をしてきそうな相続人がいる場合は、予めそのあたりを考慮した遺言書を作成しておく必要があります。

遺留分とは逆に、遺言書に書かれているたくさんの財産をもらうのは気が引けるという場合は、相続人全員の同意があれば、遺言に書かれている内容を辞退することもできます。

事例5　遺言書の内容と違う相続をします

中島さんは、交際していた森さんの癌発症を機に、同居生活を始めました。

闘病生活の中で森さんは、献身的に支えてくれる中島さんに財産をすべて渡したいと考え、遺言書を書きました。

中島さんは森さんから、

「親族とは全く付き合いがない、天涯孤独だ」

と聞かされていました。

そのため、森さんの亡くなった後、中島さんが葬儀を執り行いました。

その後、中島さんは、遺言書で受け取った遺産で、ご供養をしていこうと考えていました。

しかし生前、森さんが、兄弟とお互いを思いやる文通をしていたことが、亡くなった後にわかりました。

中島さんは、自分が森さんの遺産を受け取るよりも、森さんの親族（兄弟）に受け取っていただきたいと思い、相談に来られました。

中島さんの意向を詳しく確認したところ、

「すべての森さんの財産は親族にお返ししたい」

ということでした。

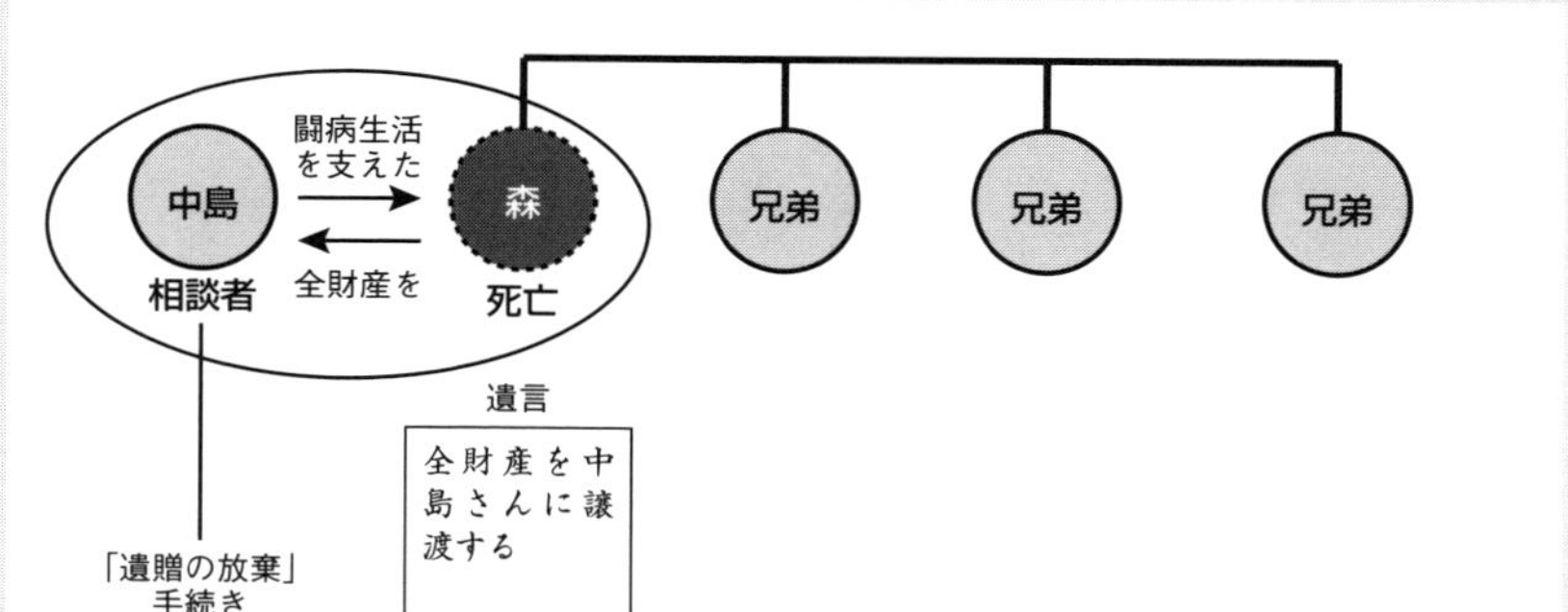

ただ、遺言書は森さんの最後の気持ちであり、一番に尊重されるべきものです。

それを十分ご理解したうえで中島さんと兄弟が話し合われ、中島さんの意思を尊重しようということになりました。

家庭裁判所で、遺贈の放棄という手続きを行い、無事、遺産は相続人である兄弟に引き継ぐことができました。

中島さんは生命保険金のみを受け取り、葬儀費用や納骨費用などに充て、森さんのご兄弟とともに皆で納骨式をすることができました。

ご兄弟は、森さんの晩年を支えてくれた中島さんに感謝をし、和気あいあいと森さんの思い出話をしながら、素敵な供養をすることができました。

「相続人は誰？」～相続人の調査と集める戸籍の範囲～

相続の手続きには、「相続セット」が必要です。

〈相続セット〉
①生まれてから亡くなるまでの連続した戸籍謄本
②相続人全員の戸籍謄本
③相続人全員の印鑑証明書

少し詳しく説明いたします。
①亡くなった方の生まれてから亡くなるまでの連続した戸籍謄本
②相続人全員の、現在の戸籍謄本

戸籍、除籍、原戸籍とかいろいろな種類のものがありますが、呼び方はあまり気にしないで、出生から死亡までの連続した戸籍とだけ覚えてください。

抄本でなくて、できれば謄本を揃えてください。

戸籍は、本籍地のある役所で請求します。

戸籍を取り寄せる場合は、市区町村の役所（役場）の方へ、次のように伝えてください。

「相続手続きのため、被相続人の、「出生」から「死亡」まで繋がる、戸籍（除籍）謄本、または全部事項証明書（以下「戸籍謄本等」）の交付をお願いします。前戸主の戸籍謄本に、分家や家督相続等の記載がある場合は、その戸籍謄本等の交付もお願いします。

また滅失等の理由により、戸籍謄本がない場合は、証明書の交付もお願いします。なお、転籍の履歴がある等の理由により、貴役所（役場）だけで「出生」から「死亡」までの戸籍謄本等が揃わない場合は、その旨の説明及び、どこの役所（役場）で誰の戸主名で戸籍謄本を請求すれば取得できるか等の説明をお願いします」

車の名義変更と相続税の申告には、戸籍の原本が必要です。

年金の手続きは、死亡記載のある最後の戸籍の原本が必要です。

基本的にはすべての戸籍を1通ずつ揃えれば、銀行や登記の手続きはできますが、念のため戸籍一式を3セット揃えておくと安心です。

③相続人全員の印鑑証明書

印鑑証明書は、手続先の数の枚数を準備しておくと安心です。

■戸籍がない場合

まれに、戸籍がない場合があります。

戦争で役所が燃えてしまった場合などが、戸籍がない場合の代表例です。

関東大震災、阪神淡路大震災、東日本大震災の場合も同様です。

その他に、戸籍の保存期間が切れている場合も戸籍がありません。

その場合は、役所が、

「戸籍（除籍）謄抄本の交付ができない旨の市町村長の証明書」を出してくれます。

特殊な例ですが、北海道の樺太など、もともと日本領土だったところが本籍地の人の場合も、役所に戸籍がありません。

通常は、市役所に戸籍を請求しますが、樺太の場合は、外務省アジア大洋州局地域政策課外地整理班というところに請求します。

樺太もたくさんの村があったため、保存されている場合は出してくれます。

保存されていないときは、必要に応じて「戸籍がないことの証明書」を出してくれます。

せっかく取り寄せた戸籍でも、記載ミスがある場合がたくさんあります。

亡くなったということが書かれていなかったり、長男が次男になっていたり、生年月日が違っていたり、勝手に名前が変わっていたりすることがあります。（実例：「ハナ」という名前が「ハナ子」に、「吉村」が「吉

田」になっていた）

昔は、手書きで戸籍を書いていたため、書き移すときに間違えたのかもしれません。

間違った戸籍は、市役所が職権で直してくれる場合と、家庭裁判所で許可をもらわなければ訂正できないケースがあります。

役所のミスなのに、個人が家庭裁判所にわざわざ申し立てて、許可を取らなければならないというのは納得いかないと怒る方も中にはおられます。

■相続人が行方不明の場合

例えば路上生活をしている人など、生きてはいるが住所が特定できないといった、本当の意味の行方不明者の割合は1％ぐらいです。

99％の行方不明者は見つかります。

日本の戸籍制度はよくできていますので、住所の沿革がわかる「戸籍の附票」という書類を役所で取り寄せれば、行方不明者の住所を確認することができます。

そういう意味では、没交渉や連絡先を知らないだけというのは、行方不明ではありません。

住民票や戸籍の附票でもわからない場合は、最後の住所地に行ってみて、近所の電気屋さんやタバコ屋さんに聞き込みをすると、親戚の家や会社の寮に住んでいることがわかったり、何かヒントが得られます。

■行方不明者を探す最後の切り札

何十万円、何百万円も払って、探偵に人探しを依頼しなくても、裁判所が探偵の代わりをしてくれる方法があります。

失踪宣告を家庭裁判所に申し立てるという方法です。

失踪宣告とは、生死不明の者に対して、法律上死亡したものとみなす効果を生じさせる制度です。

６０００円ぐらいで申し立てができます。

裁判所が令状で指示をすると、全国の約25万人の警察官が探してくれます。

免許の更新をしていたり、交通違反で捕まったり、刑務所の中にいたり、何か社会的な生活を送っていると、どこにいるかがわかります。

警察は全国の地域を戸別訪問して、誰がどこに住んでいるかを把握していますので、その情報網はすごいものです。

この失踪宣告を申し立てると、かなり高い確率で行方不明者を見つけることができます。

それでも見つからない場合は、本当の行方不明者として、戸籍上亡くなったことにしてもらいます。

これまでに、次のようなケースがありました。

・仙人となって山にこもったまま帰ってこなかった人

・戦前に５歳のときに船から落ちて海に流されて、そのまま亡くなってしまった人（葬儀も火葬もしない

ので戸籍上残ったままになっていた）

・戦中に、出生して戸籍に記載されたが、そのまま里子に出されて、里親が出生届を出して受理されて、別人格として育った人

・ブラジルに渡って、そのままどこに住んでいるかわからなくなった人

これらの場合は、失踪宣告をして法律上死亡したものとみなしてもらい、相続の手続きを進めました。

他にも、すでに身元不明で亡くなっていたら、わからない可能性があります。

いわゆる「行旅死亡人」と言われる人たちです。

※行旅死亡人：飢え、寒さ、病気、もしくは自殺や他殺と推定される原因で、本人の氏名または本籍地・住所などが判明せず、かつ遺体の引き取り手が存在しない死者を指すもので、行き倒れている人の身分を表す法律上の呼称。

最近増えてきている、特殊な例としての行方不明があります。

これは、生きていることがわかり、どこに住んでいるかわかるけど、接触ができないというケースです。

ＤＶ被害者がシェルターに避難している場合が代表例です。

ＤＶ被害者の場合は、役所が住民票を交付してくれないこともあります。

シェルターに入っていると、一切連絡を取ることができず、施設の人が間に入って、何も教えてくれません。

すべて本人の意向に沿って対応するというのが原則ですので、相続の手続きがスムーズに進まないこともあります。

なお、「戸籍のクリーニング」という方法があります。離婚した形跡などを現在の戸籍から抹消できるという方法です。離婚後に転籍をすると離婚したことが記載されません。

事例6

相続人が34人

Bさんは、夫とともに生まれ故郷を離れて暮らし40年以上が過ぎました。Bさんの夫がこの度亡くなり、相談に来られました。

財産は、一緒に働いて貯めた預金と、国債と信用金庫の出資金のみ。しかし、Bさん夫妻には、子供がいませんでした。

夫の家族は大家族で、兄弟が11名。もちろんすでに亡くなっている人もいますので、相続人には、甥姪が含まれてしまいます。

戸籍を順番に取得してわかったことは、相続人が34人いたことでした。あまりの数の多さに、Bさんも驚いておられました。

しかし、預金の解約などをするためには、34人全員の実印と印鑑証明書が必要となります。

そこで、相続人の方々に現在の状況とこれまでの経緯と、法定相続分をそれぞれにお渡ししたいことを、誠意を持ってお伝えしました。

すると、相続人の方全員から、すぐに手続きに協力するというお返事が来ました。

すこし手続きに手間取ったところはありましたが、無事に手続きは終了しました。

相談に来られてから、すべての手続きが完了するまで、8ヵ月かかりました。

このような相談は、最近特に多くなってきています。

子供がいない夫婦の場合は、配偶者が亡くなったとき、その兄弟姉妹からの協力が必ず必要となります。

高齢で亡くなった場合は、相続人の数がすぐに20人、30人にもなってしまいます。

戸籍の取り寄せも、膨大な量になることもありますし、相続人の中には、行方不明となっている方や、今まで全く面識のない相続人の方がいらっしゃる場合も多くあります。

親戚付き合いも、希薄になる親族も増えていきますので、手続きは大変になります。

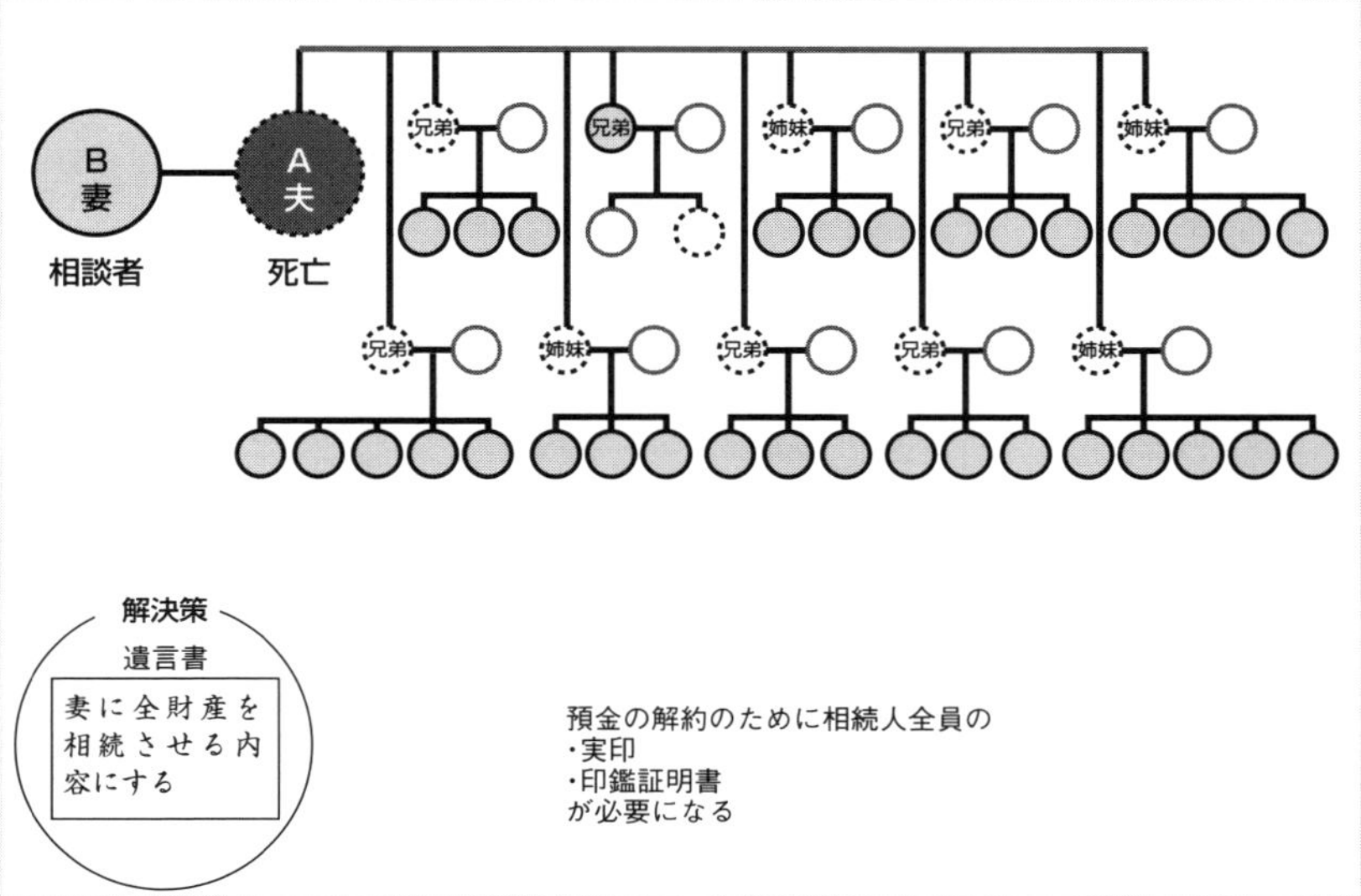
B
妻
相談者
A
夫
死亡
兄弟
兄弟
姉妹
兄弟
姉妹
兄弟
姉妹
兄弟
兄弟
姉妹
解決策
遺言書
妻に全財産を相続させる内容にする
預金の解約のために相続人全員の
・実印
・印鑑証明書
が必要になる

解決方法はひとつ。
妻に全財産を相続させる内容の遺言書を書くことです。
この遺言書があれば、兄弟姉妹の協力は必要なく、スムーズに手続きが終わります。

事例7

離婚・再婚の落とし穴

Aさんは、夫Bさんが亡くなり、相談にいらっしゃいました。
AさんとBさんは、再婚同士です。
Aさんには、前夫Cさんとの間に、子Gさん、子Hさんがいます。
Bさんとは養子縁組をしておりました。
BさんはAさんと再婚するときに、
「おれは過去に結婚を3度しているけど、自分の子供はいない」
と言っていたそうです。
相続手続きにあたり、Bさんの出生から死亡までの戸籍を集めていきました。
確かに、Aさんの前にDさん、Eさん、Fさんと婚姻関係にありました。
戸籍を共にしていた（婚姻関係にあった）時期は、3人とも1年未満でした。
出生から死亡までの戸籍が揃ったときにビックリしました。

2番目の結婚相手Eさんとは、婚姻期間はわずか8ヵ月でしたが、Eさんと結婚する際に、Eさんと前夫Lさんとの間の子Mさん、Nさん（いわゆる連れ子）と養子縁組をしていたのです。

そして、Eさんと離婚はしていたのですが、子Mさん、Nさんとは『離縁』をしていなかったのです。

結局、今回のご相談者Aさんと、Aさんの子であるGさんとHさん、Eさんの連れ子のMさん、Nさんが相続人で、署名・実印をもらうのが大変でした。

近年では、離婚再婚をする方が増えております。

AさんがBさんと結婚する際に、戸籍謄本（現在戸籍）は確認したのですが、過去の戸籍（除籍謄本や改製原戸籍）は見なかったので、亡くなるまで養子縁組のことはわかりませんでした。

かといって、再婚するときに過去の戸籍を全部集めて一緒になる方はおそらくいらっしゃらないと思います。

万が一離婚される場合、子どもとの「縁」をどうするか、真剣に考えなければならないでしょう。

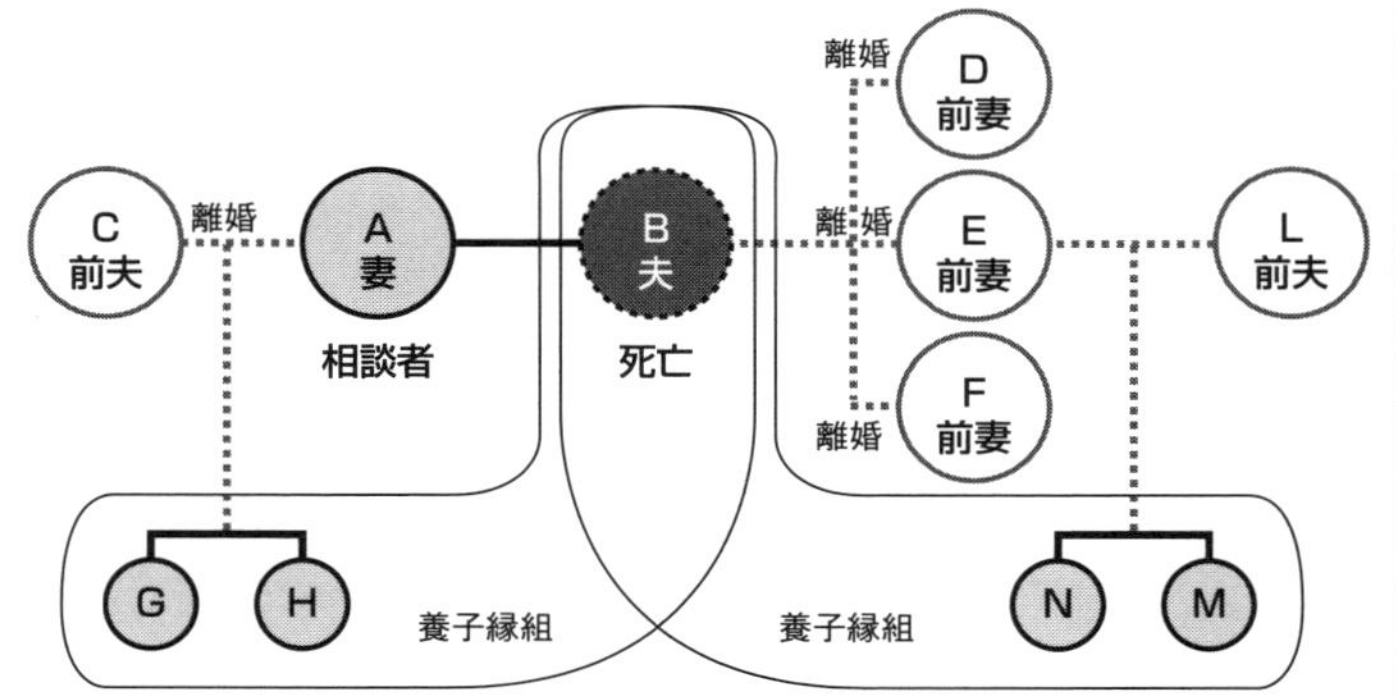

「離縁」をしていなかった

事例8

お墓の中で65年間生きていた長女の戸籍

兄弟の相続の相談に来られたMさん。

手続きのため戸籍を確認していると、戦時中に亡くなっているはずの長女のTさんが、戸籍上今も生存していることになっています。

Tさんの除籍謄本がない状況では、相続手続きはできません。

市役所の担当課に出向き、事情を話したところ、「医師の死亡診断書」、または「死亡した事実を証明できる資料」の提出が必要で、それができない場合は、「失踪宣告」を受けるようにとの回答でした。

死亡診断書を取ることは不可能であり、失踪宣告も遺族の心情からできないため、お墓の中の納骨壷に、俗名または戒名、死亡の年月日と檀家寺の過去帳の記載の確認を提案しました。

さっそく、納骨壷をお墓から出して調べたところ、Tさんの俗名、死亡年月日《昭和20年3月5日》、檀家寺《戦災で焼失》が記載されていました。

それを写真に撮り、市役所へ提出すると、法務局の担当者が納骨壷を確認しました。その確認書類を市役所に届け、死亡から65年経ってようやく除籍となりました。

当時は戦時中の混乱期であり、市役所の建物焼失による戸籍の滅失や、戸籍や届出書類の管理ができなかった例は意外と多いものです。

先祖を大切にする心が助けてくれた事例でした。改めて供養の大切さを実感しました。

事例9　連絡のとれない相続人

お母様が亡くなられ、相続人は長女と次女です。

長女は、メキシコで宗教団体に入り、抗争などに巻き込まれて身を隠しているということで、数十年前から消息不明でした。

2年ほど前にメキシコから電話があり、無事であることがわかったようですが、その後は全く連絡が来ず、今回の相続に至ったようです。

長女が見つかる見込みはないため、「不在者財産管理人選任」を申し立てました。

お母様は、約2億円の遺産を残されていたため、相続税申告の必要がありました。この場合、10ヵ月の申告期限までに不在者財産管理人の許可が出なければ、遺産分割を行えず、納税のための預貯金解約もできないことになります。

幸いにも、裁判所の選任手続きから相続税申告・納税まで期限内に行うことができました。

今回のケースのように、相続の手続きが複雑になると、予想外の時間がかかることがあるので、お身内が亡くなったら、なるべく早く相続の手続きを始めることが大切です。

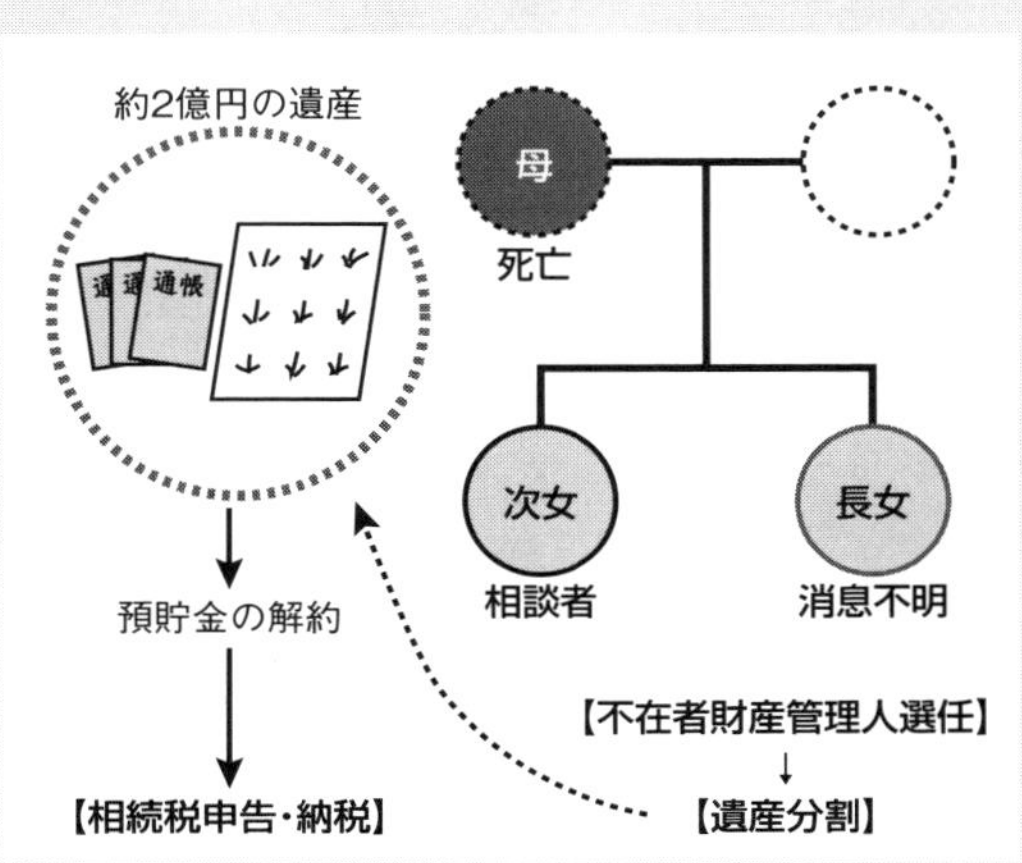

事例10

戦争前に紛失した戸籍

不動産の登記手続きと銀行口座の解約手続きの依頼で、相続人が妻と兄弟姉妹でしたが、兄弟姉妹はすでに亡くなっており、甥姪が相続人となったケースです。

被相続人は、戦前に樺太に住んでおり、戦時中に戸籍を消失し、戦後、就籍（日本人でありながら戸籍のない者について、家庭裁判所の許可か判決を得て、新たに戸籍に記載されること）によって新たに戸籍を作成していたため、戸籍の収集だけではすべての相続人が明らかにならず、過去の記録や位牌などを調査して相続人の確定をする必要がありました。

しかし、相続人の1名が、現在存命している相続人の連絡先をある程度認識しており、相続人調査をするうえで大きな力となりました。

それでも、相続人の1名が行方不明であることが判明し、司法書士により、不在者の財産を管理するための申し立てを家庭裁判所へ行いました。

結局、相続人全員と不在者財産管理人による遺産分割協議を経て、すべての手続きを終えるのに1年半程度を要しました。

戦争等の事情により相続関係が複雑化している場合、戸籍収集を行い、相続関係の確認をしておくこともひとつの方法でしょう。

相続関係の確認ができたら、さらに遺言書作成などの相続対策をすることをお勧めします。

事例
11

相続人は私だけのはずが……

田中佳代子さんが、相談に来られました。

父が亡くなり、家の建替えをするので、土地の名義変更をしたいとのことでした。

事前調査を行うと、土地の名義はお父様の隆さんではなく、お祖父様の一郎さんのままでした。

相続人について、佳代子さんは「父の隆は一人っ子でした。私も一人っ子ですので、祖父の名義でも、相続人は私だけです」と言っていました。

ところが、戸籍を確認すると驚くべき事実が発生しました。お父様の隆さんは、一郎さんとA子さんとの婚姻外の子供だったのです。

一郎さんは、隆さんを認知し、その後、隆さんを連れ、花子さんと結婚しました。一郎さんが亡くなった後、花子さんも亡くなりました。

相続人は隆さんの子である佳代子さんの他、花子さんと隆さんは養子縁組をしていないため、花

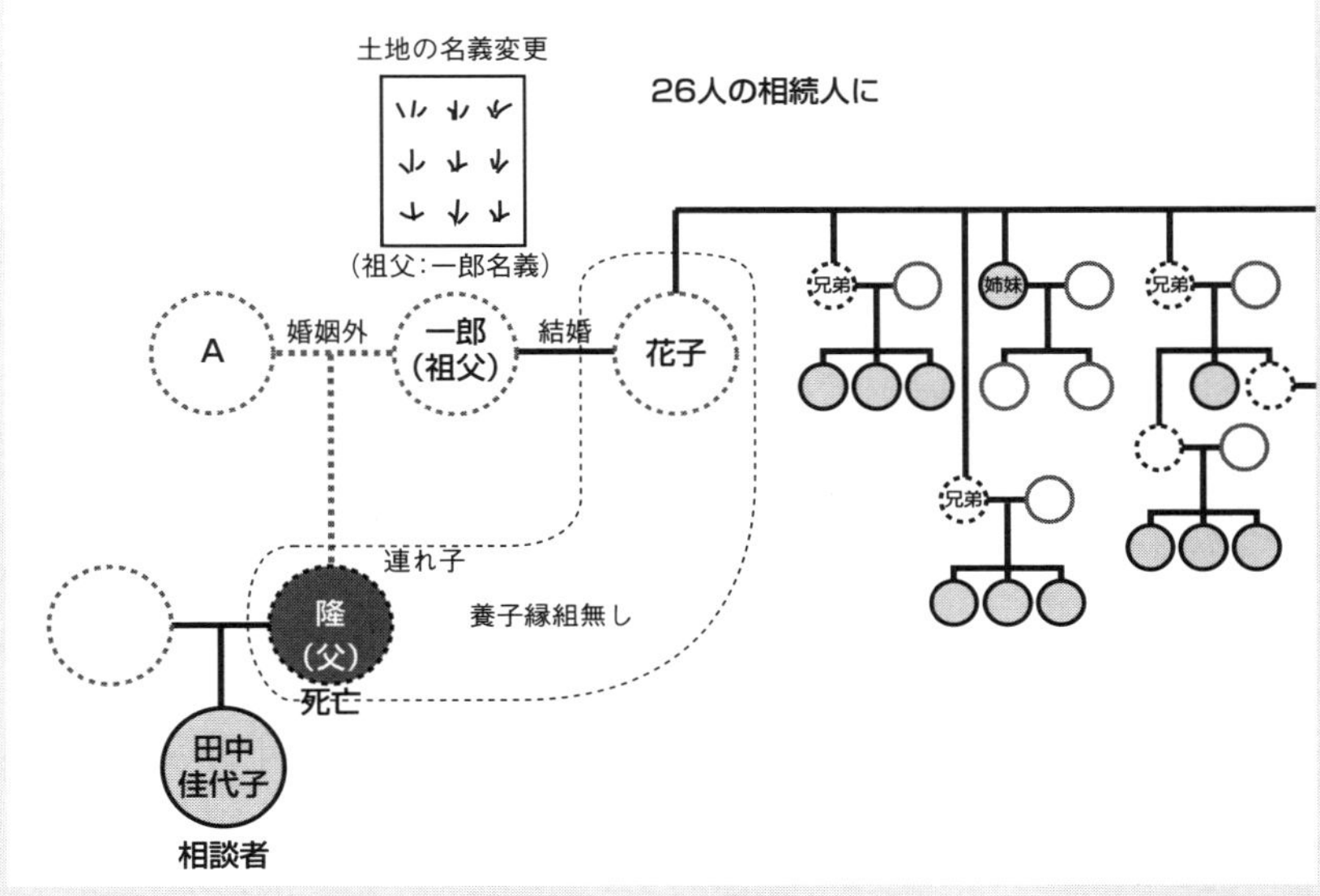

子さんの相続人に花子さんの兄弟姉妹が加わり、26人となりました。

このように、思わぬ人が相続人となる場合もありますので、誰が相続人になるかを十分に確認し注意することが必要です。

結婚の際に自分の戸籍を確認することと、後妻さんとの間に養子縁組をすることは重要です。事実を知っていれば、遺言書の作成など、事前の準備をすることもできたはずです。

事例12

相続人が自分以外にもう1人

お父様の相続で相談に来られたAさんご夫婦。

Aさんが2歳の頃に、両親が離婚してから父子家庭で育ち、相続人はAさん1人。

以前、伯母（父の姉）から両親が結婚する際、母にAさんより7歳上の子供がいたことは聞いていましたが、今回は父の相続なので関係ないと思っておられました。

戸籍を確認したところ、その子供は婚姻前に父が認知しているBさんだったことがわかりました。

認知しているので、当然Bさんも相続人になります。

調査の結果、現在Bさんは県外で暮らしていることがわかり

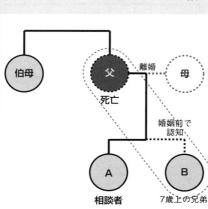

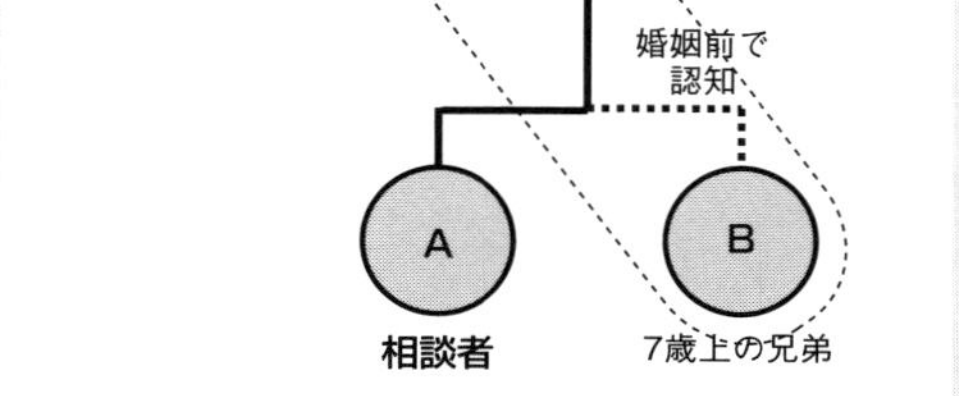

ました。

Aさんから手紙を送り父の相続のことを連絡したところ、数日後、Bさんから連絡がありました。

Aさん側とすれば、病気がちな父の面倒をずっと1人で看てきたのだから、Bさんには財産の4分の1くらいでいいだろうという考えでした。

一方、Bさん側は疎遠になっていたとはいえ、自分にも相続分があるのだから法定相続分は欲しいという主張で、協議がなかなかまとまらず、かなりもめましたが、双方が歩み寄る結果で終結しました。

父が生前、「すべての財産をAさんに相続させるという遺言書を作成していたら、もめることなく手続きができたのに」とAさんは何度もおっしゃっていました。

事例13　現在戸籍が2ヵ所に!?

Aさんは旦那さん（Bさん）を亡くされ、相談に来られました。

Bさん死亡の記載のある戸籍（W市）を確認したところ、離婚した前妻との間の子供2人が、その戸籍に載っていることがわかりました。

相続の手続きで、不動産の名義変更登記を行うとなったとき、問題が発生しました。

子供2人の戸籍が、前妻の本籍地（Y市）にも存在していたのです。

確認したところ、離婚の際、子供の戸籍の異動を届け出たY市（AさんとBさんの住所地）からW市へきちんと通知ができていなかったということでした。W市とY市のやり取りがうまくできていなかったため、戸籍が2ヵ所にあるという事態になっていました。

両市役所に事情を説明したところ、「W市の戸籍を訂正します。時間は2～3週間かかります」と連絡がありました。

市役所の連絡ミスから手続きをする相続人が、複数の役所に出向く必要があり、通常よりも時間がかかりました。

普段、自分の戸籍を目にする機会はほとんどありませんが、戸籍を目にする際は、内容を十分に確認し、間違いがないか確認することが必要です。

事例14　戸籍に次女の記載がありません

被相続人Aさんは、平成27年9月13日に死亡しました。

Aさんは婚姻せず子供もおらず、両親も亡くなっているので、兄弟姉妹が相続人となりました。両親の出生から死亡までの戸籍等必要書類を取り寄せたところ、両親から見て次女の記載が出てきません。長女の次がいきなり三女になっているのです。

市役所に問い合わせたところ、「90年も前の事例であり、次女は出生してすぐに亡くなったので、記載されなかったとの仮説は立ちます。しかし詳細がわからないので、相続人が家庭裁判所に異議申し立てを申請し、審判が出てからでないと、単に間違っているとの理由で職権での訂正はできません」との回答がありました。

今回は被相続人所有の金融機関の手続きのみだったため、金融機関の了解のもと戸籍に記載されている相続人の戸籍等の証明書添付で対応できました。

戸籍を取り寄せてみて、初めて間違いに気づくことがよくあります。

事例15

戸籍が間違っている

先日、戸籍謄本を取り寄せたところ、被相続人の父親の名前が間違って記載されていることに気づきました。

平成6年に戸籍法が改正されたときの、原戸籍から現在戸籍への移行する際の転記ミスです。

以前にも、被相続人の死亡年月日を「平成」のところ、「昭和」と記載された間違いがありました。

また、被相続人の弟が「三女」というのもありました。

法務局での登記の際にも、登記原因が「相続」のはずが、「贈与」になっていることもありました。

「役所が発行する書類（証明）だから間違いはない！」と思ったら間違いです。

錯誤を訂正するには、市町村長が監督法務局または地方法務局の許可を得て、戸籍を訂正することになります（職権による訂正もあります）。

その間、手続きはストップされることになります。

人間のすることですから「間違い」があっても仕方ないとは思いますが、戸籍や、登記簿に、「誤記」「錯誤による訂正」などと書かれていたら、気分の良いものではありません。

戸籍謄本は、きちんと確認しましょう。

事例16 相続人が誰なのか、どこに住んでいるのか、わからない？

相談に来られたのは、被相続人Aのお孫さんT（長女の息子）でした。

Aさんが亡くなり、預金があるが相続人全員の印鑑証明書と実印がなければ、引き出しすることができないために、どうすればよいのか、妻であるBが困っているとのことでした。

被相続人Aの家族関係については、妻Bと子供２人（長女C、長男D）の一般的な家族構成でした。ただ家族間での付き合いがありませんでした。

長男Dは早くに実家を出て、すでに他界しておりました。

妻Bは、長男Dが結婚しているか、子供がいるかどうかもわからない状態でした。

長女CはTをおいて20年ほど前に失踪し、生存しているかどうかわからないとのことでした。

付き合いがあるのは、長女Cの息子であるTだけでした。

Tは関東在住で、また相続人をどのように調べればいいのかわからないということで、Bさん、Tさんのお2人で相談に来られました。

戸籍を調査した結果、長男Dには子供が2人いることが判明しました。

また長女Cについても、生存していることが確認でき、戸籍の附票により現住所も調べることができました。

これで、相続人の特定と住んでいる住所がわかりました。

最初は、面識がない相続人との話し合いは不安に思われていましたが、予想外に話はスムーズに進み、手続きも無事完了することができました。

後日談ではありますが、長女Cも自分の母と息子のことが気になっていたとのことでしたが、なかなかきっかけがなく、連絡もできなかったと話されておられました。

父であるAが亡くなったことは悲しいけれど、結果として母と息子に連絡できるようになったこ

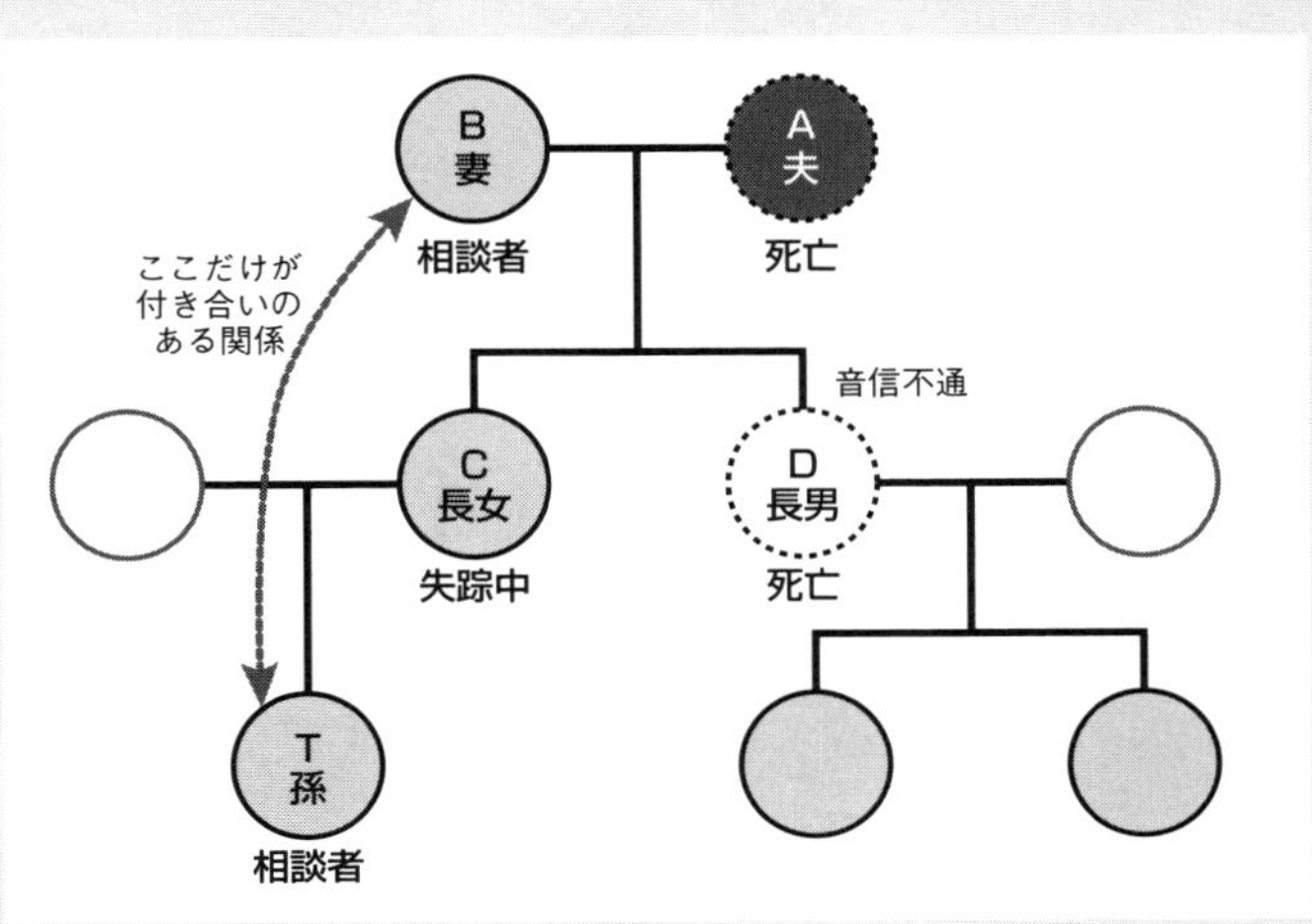

とを喜んでおられました。

事例 17

同居の息子が結婚していたなんて、知らなかった

無料相談で、自宅を訪問しました。

この度の相談者は、相続人のMさん（母親・80歳代）で、夫（後夫で相続人ではない）と2人暮らしです。

子供が2人（前夫の子・長女、長男）おり、長男（60歳代）が5月に亡くなり、相続人はMさん1人です。

相続手続きをするために、除籍謄本を取り寄せたところ、長男の戸籍に、

「婚姻日平成○年○月○日、配偶者氏名○○○○、国籍フィリピン」

と記載がありました。

長男とは同居しているにもかかわらず、結婚しているとは全く気づきませんでした。しかし、よく思い出してみると、かつて（15年前頃）外国人の女性が数日間同居していたことがありました。

それ以後、その女性とは会ったことがありませんでしたが、この度の相続で、その女性への対応

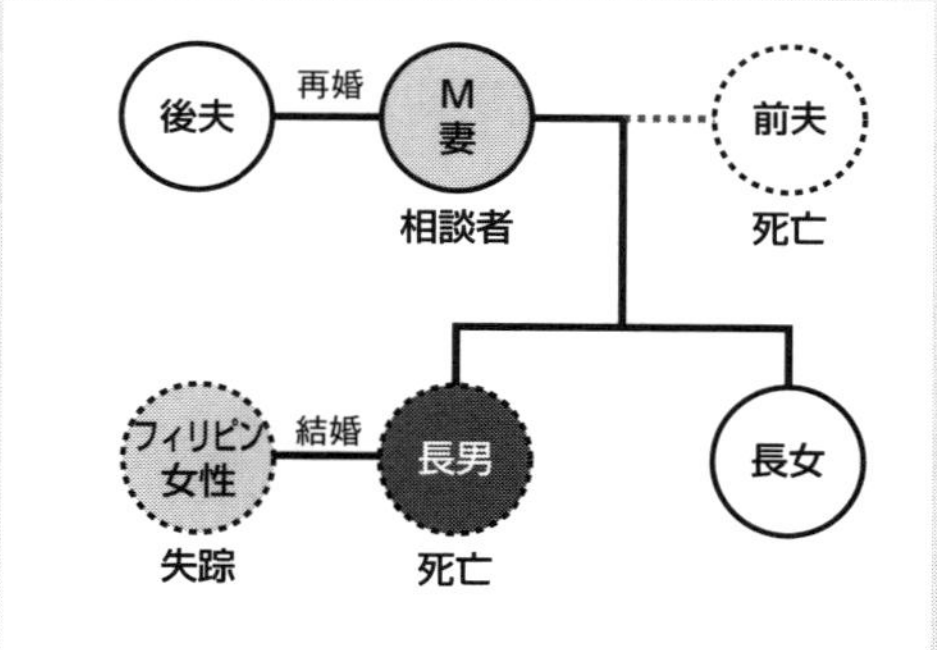

を、どうしたら良いのかわからず相談がありました。

長男が結婚していたことを初めて知り、また嫁が現在どこにいるのか、手がかりは全くありません。このままだと、相続人はそのフィリピンの女性とMさんになってしまいます。（長女は相続人にはなりません）

財産は不動産・預貯金・生命保険等、あわせて約１０００万円です。

通常の相続手続きに必要な書類の他に、次のものを取り寄せる必要がありました。

・婚姻届（写し）
・配偶者の出生証明書
・婚姻証明書（フィリピン方式）
・翻訳書（フィリピン共和国・出生証明書と婚姻証明書）（翻訳者依頼）

少し時間はかかりましたが、司法書士がフィリピン女性の失踪宣告の手続きを行い、登記と預金の解約手続きは、無事終わりました。

事例18　血縁がなくても法定相続人

子供がいない松木さんは、妻にも先立たれてしまい、つい先日、闘病の末亡くなりました。

松木さんと仲の良かった実の妹である蔵田さんが、ご相談に来られたのですが、何分別々に暮らしておられたため、具体的に不動産以外でどのような財産があるのかもわからず、どうやって進めていけばいいか、途方に暮れておられました。

まず、財産の内容と相続人が誰になるのかということから、一緒に調べていくことになったのですが、そこで思わぬ事実が判明しました。

亡くなった松木さんは、妻の母と養子縁組を結んで、松木姓を名乗っておられたのですが、その妻の母には、妻以外に子供が2人いることがわかりました。しかも、そのお子さんたちは、すでに他界されていたのです。

最終的には、妻の兄姉となる方々には、遠くは北海道の方を含め全国に5人のお子さんが見つかりました。

その相続関係を、蔵田さんに伝えると「血縁関係がないのに、相続人になるのですか？　私を含めて兄妹が相続人になると思っていたのに」とびっくりされました。

戸籍上、養子縁組を松木さんと義母が結んでいたため、血縁がなくても、義母の実子である妻の兄姉とも松木さんが兄妹という

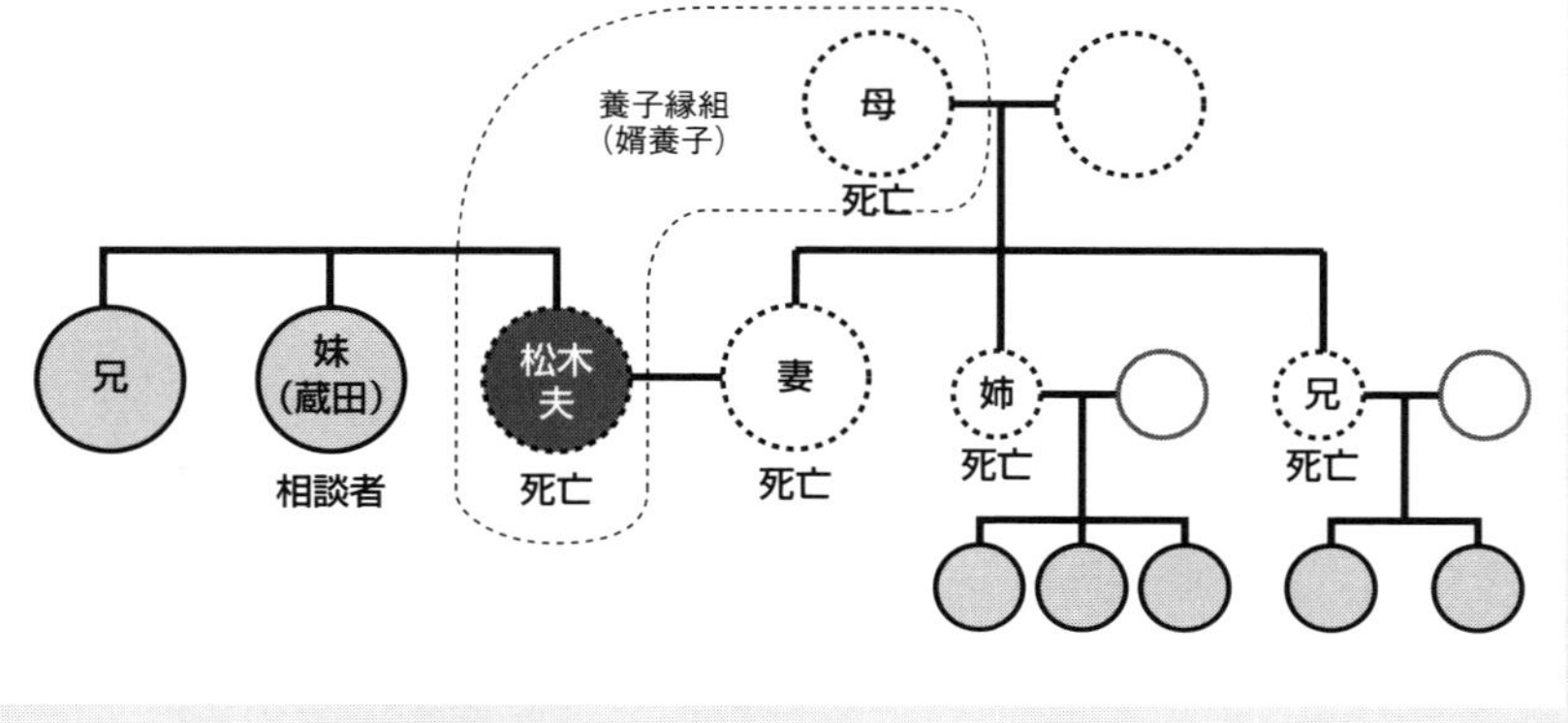

ことになり、法律上の一定の相続分が認められることになるのです。

蔵田さんは、「会ったことも話したこともないし、また、兄や私と血もつながっていないのに、兄姉となってしまうのですね」と、この先の手続きの難しさに心が折れそうになっておられました。

松木さんには遺言書もなく、財産として700万円程度の預金も見つかったことから、不動産の手続きも含めて、相続権のある方全員にご協力の手紙を出していただきました。

当然、その見つかった甥姪の方々からは、「突然、なんの手紙かと思いました」や「死んだ母から、話は聞いていましたから、協力しますよ」といった様々な反応がありました。

紆余曲折がありましたが、7ヵ月後、無事に預貯金と不動産のすべての手続きが終わりました。

蔵田さんからは「最初はもう途方に暮れて、兄の供養もまともにできないかと思ってしまいましたが、他の相続人の方も納得してくれて、大変な手続きも進めていくことができました。遺してもらった財産は、兄と亡くなった義姉の供養にあててあげたい」と話しておられました。

事例19

養子の子の代襲相続権

小川さんの夫は、昭和42年に小川さんの両親と養子縁組をしました。その後夫は、平成16年に死亡しています。この度、母が亡くなりました。小川さんには3人のお子さんがおり、二男と長女の2人は夫の養子縁組後に生まれています。養子縁組前に生まれた養子の子（長男）は代襲相続人になれないと聞いたことがあり、果たして長男は母の遺産を引き継ぐことができるのか、といった少し特殊な事案でした。

代襲相続については、民法887条2項で「被相続人の子が、相続の開始以前に死亡したとき、（中略）、その者の子がこれを代襲して相続人となる。ただし、被相続人の直系卑属でない者は、この限りではない」と規定されています。

このことから、代襲相続人となるには、①相続人の直系卑属であること、②被相続人の直系卑属であること、③相続開始時に存在すること、が必要であると言えます。

また、養子との関係では、民法727条で「養子と養親及びその血族との間においては、養子縁組の日から、血族間におけるのと同一の親族関係を生ずる」と規定されており、判例で「養子縁組以前に生まれた養子の直系卑属と養親との間には親族関係を生じない」とされています。

よって、養子縁組前に生まれた養子の子は養親との間では親族関係、つまり、養親の直系卑属にはならないことになり、原則として代襲相続人にはなれ

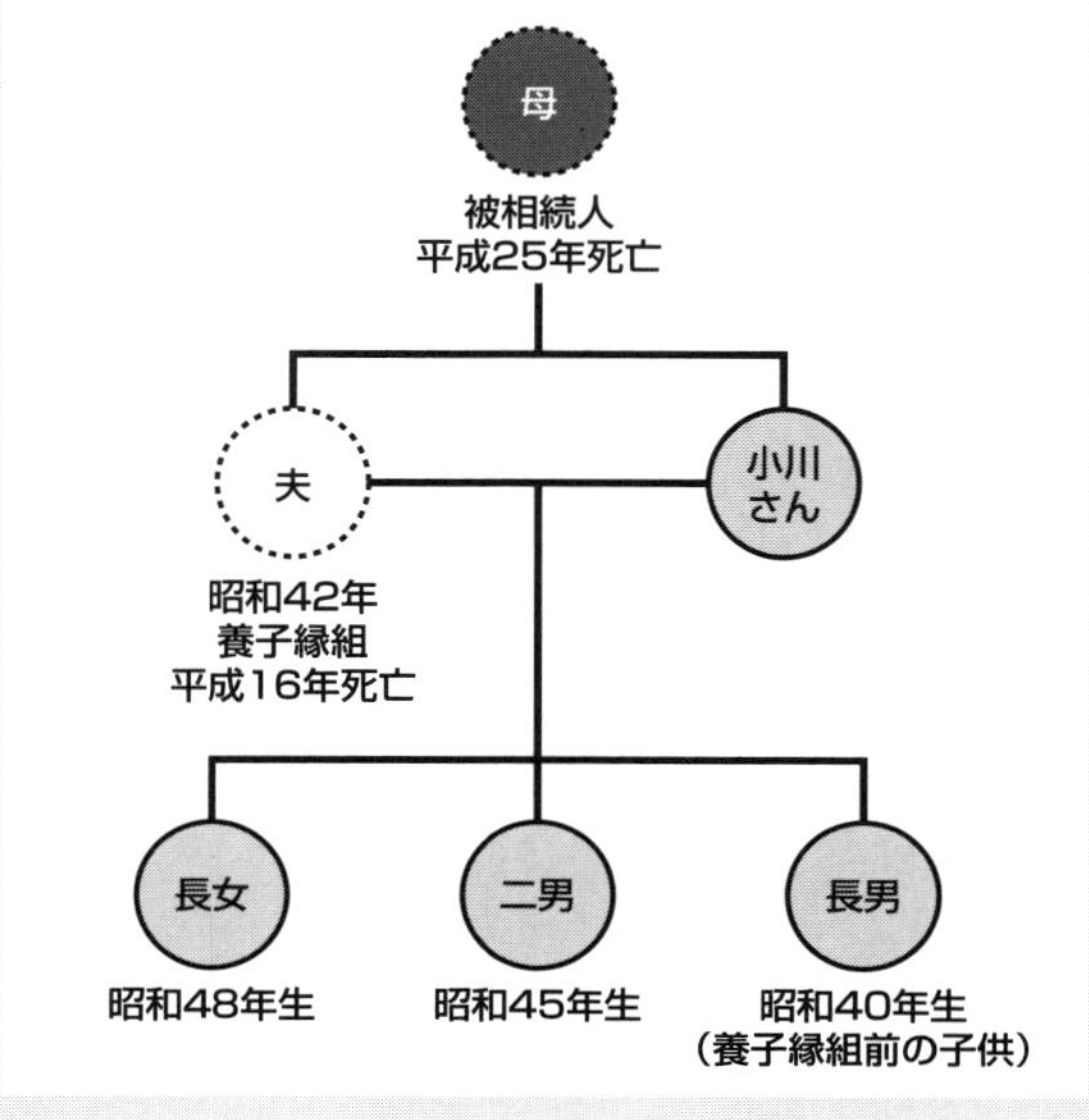

ません。

しかし、今回の場合、長男は被相続人の実子である小川さんの子であり、小川さんを通して被相続人の直系卑属になるため、二男・長女とともに母の代襲相続人になることができます。

このことは、判例で示されています。

「養子縁組前の養子の子が養親の実子の子でもあって養親の直系卑属になるときは、養親を被相続人とする相続において、養子の子は、養親より先に死亡した養子を代襲して相続人になる。」（大阪高判平1・8・10）

以上のことを司法書士にも確認を取り、長男さんも代襲相続人になる旨をお伝えしたところ、大変喜ばれました。

「遺された財産はいくら？」　～相続財産の調査と確定～

相続の手続きで大切な作業のひとつに、遺産の確定があります。

故人が、どの財産をいくら残したかを特定する作業を行い、財産目録を作成します。

この、財産目録が正確でないと、後々トラブルの原因となります。

後から後から財産が出てきた場合は、相続人の間で不信感が募りますし、漏れている手続きがあれば、また手続きのやり直しをしなければならないことにもなります。

手続きの一覧表は、6～8ページにありますので、確認ください。


最近は、親と同居していない子供が増えていますので、故人の財産について知らない家族が多いものです。エンディングノートなどを書いておられれば、財産の把握はしやすいですが、そうでない場合は、一つ一つ確認していかなければなりません。

基本的に財布の中に入っているものは、すべて手続きが必要です。

換金できれば遺産となり、できなければ形見として分けられます。

漏れやすい遺産の代表例は、次ページの通りです。

基本的に、財産の把握をするのは、通帳と郵便物を確認することが大切です。

以前、火事で亡くなった人の、相続財産の調査を行いましたが、結構大変でした。

火事で家の中の物は、何も残ってなく、本人もいらっしゃらないので、手掛かりが全くありません。

まず、転送届を出し、送られてくる請求書を見て、手続きを把握することから始めました。

次に、住所地の近くの銀行などを、しらみつぶしに訪ねて、取引があったかどうかを確認する作業を行いましたが、なかなか教えてくれない銀行もありました。

その銀行で、預金の取引の履歴を調べて、その方がどんなところからお金をもらっていたのか、または払っていたのかを確認しました。

通帳の中身を3年分ぐらい見れば、だいたいの社会生活が把握できますので、一つ一つ確認しながら手続きを行うことになります。

＜漏れやすい遺産の代表例＞

・ネットバンクや通帳のない銀行の預金
・海外の銀行預金
・海外の夫婦共同財産
・夫の実家の不動産（山、畑、田など）
・他人と共有の不動産（固定資産税の請求が来ないからわからない）
・先代（祖父母など）の土地（名義変更されないまま残っていた）
・金庫の中の金
・保険の請求漏れ（入院保険金）
・友の会の積立金
・互助会の解約金
・出資金（ＪＡ、コープ、信用金庫）
・簡易保険の特約還付金

事例20 相続する土地が思いもよらない場所に

Oさん一家は代々、和歌山県で農業を営んでおりました。Oさんの父が病気のため死去し、相続手続きをしなければいけないことになりました。

相続人は母とOさんを含む子供3名の計4名となります。

当初Oさんは自分自身で相続の手続きを完了させる予定でしたが、遺産総額が高額で税務申告の必要性があるということで、当センターにご依頼がありました。

打ち合わせ当初において、Oさんが財産の一覧表を持参されていて、不動産については自宅周辺の土地があるだけということでした。

固定資産税の通知書も併せて持参されましたが、自宅のある市の通知書のみでした。

相続財産の調査を行い、有価証券・生命保険等について整理し、不動産についても権利証等で確認し、財産の総額が確定しつつありました。

何度か打合せを行い、雑談等をしている中でOさんの父が高齢

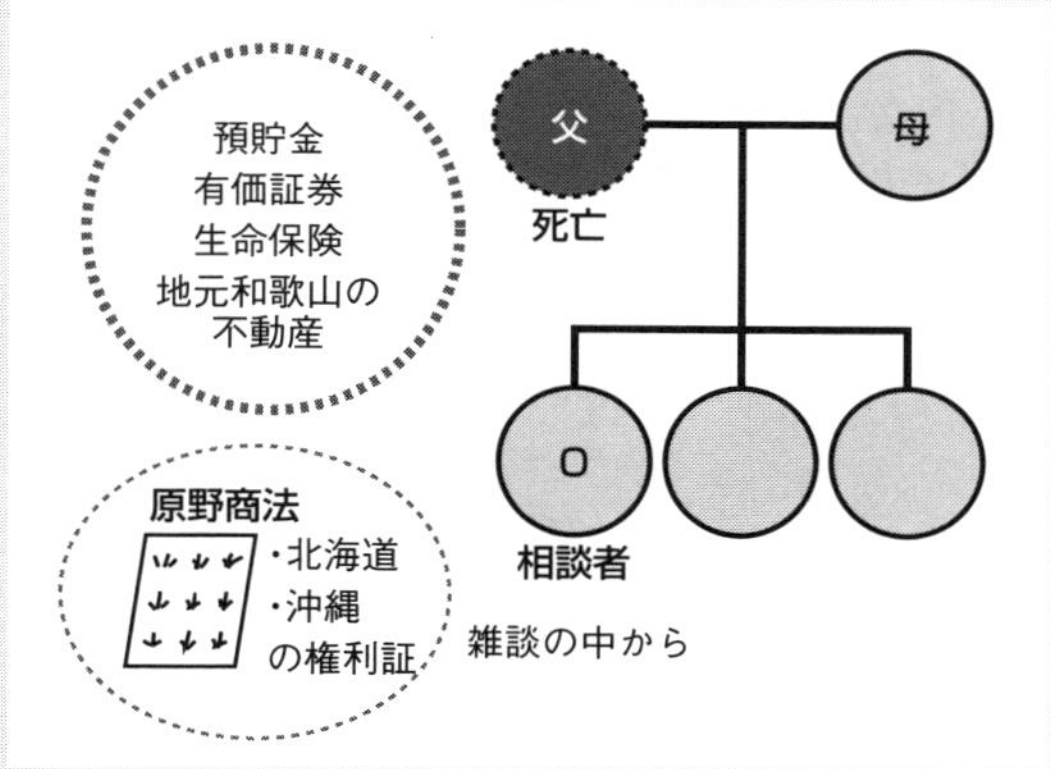

であったこともあり、「お父さんと同世代の方でよく原野商法に引っ掛かった方がいます」ということを話していました。

そのことがOさんの中で何か思い当たるところがあったらしく、もう一度、家の中に資料がないか探したそうです。

そうすると、倉庫の奥より、北海道と沖縄県の土地の権利証が出てきました。

登記事項証明書で確認をすると、間違いなくOさんの父名義の土地であることが判明しました。

原野であり固定資産税評価額が低く、固定資産税がかからないため、税金の請求書が来たことが一度もなく、今まで気が付かなかったそうです。

相続税の申告期限間近でしたが、遺産分割等も何とか間に合いました。

その後、北海道・沖縄県の土地は持っていても利用価値がなく、地元の不動産業者に依頼して売却しました。

結果的に現金化でき、Oさんを含む相続人の方にも喜んでいただきました。

事例21　亡き兄の預金通帳が見当たらない！

独身で子供のいない兄が、急逝しました。

唯一人の相続人である弟さんが、その相続財産を調べたのですが、両親から引き継いだ自宅の兄の持分は確認が取れるものの、肝心な金融資産の中味が全くわからなくて困っていました。

放浪癖があった兄の預金通帳等の現物が、全く見つからないのです。

10年前に他界している母親のまとまった預金があるはずで、漠然とした総額は２０００万円程度と理解していました。

銀行の貸金庫の契約はしていないことはわかっており、郵便物にもその形跡はありません。

両親の取引銀行でもあった、駅前のＴ銀行からの満期通知等に従い、調査を進めました。

そこで過去5年間の普通預金の入出金状況の照会を行ったところ、かなりの本数で、かんぽ生命の年金型配当金が入金されていることがわかりました。

そして、かんぽ生命に明細を照会すると、８本の年金一括支払型の契約が判明しました。

ゆうちょ銀行の通常貯金、定額貯金も照会して、その総額から、母親から引き継いだ預金総額以上のものを確認できました。

通常貯金の入出金の動きも照会しましたが、それ以上の資金の動きは認められず、念のために近隣のメガバンク2行を調査しましたが、取引はありません。

相談員が街はずれのK信用金庫にも気が付き、足を延ばして調査することを申し述べましたが、弟さんは兄はそこには通帳を作っていないはずと主張しました。

しかし、全く予想外なことに、K信用金庫にも普通預金口座を持ち、そこに１００万円が眠っていることがわかりました。

弟さんも大変喜び、相続に関わる費用を捻出できたことで非常に感謝されました。

事例22

相続財産を探せ！

別居していた母を亡くし、「財産内容がわからないがどうしたらよいのか」と、Aさんがご相談に来られました。

詳しくお話を伺うと、Aさんは、結婚を境にお母様とは20年以上別々に生活をしていました。Aさんとお母様と、月に1度は電話で世間話はしても、財産の話などは全くしたことがありませんでした。

家の片付けも終わり、発見されたのは通帳3冊。

相談員は、それらの通帳の1行1行から振込先、入金先のすべてを一覧にし、取引相手をすべて調べていきました。

通帳の印字だけではわからない取引先については、委任状を持参して銀行に行き、取引先の会社の正式名称等を確認しました。

それと同時進行で、Aさんにお母様宛ての郵便物、ご自宅にある書類をできる限りセンターに持ってきていただくよう依頼しました。

数回に分けてAさんが持ち込んだ書類は、段ボール数箱分となりました。

中身をまずは仕分けします。

①財産に関するもの、調べる必要のあるもの

②広告等不要なもの
③写真や手紙などの思い出の品

その後①の連絡先を一覧にし、通帳の取引先とともにご逝去のご連絡をし、財産調査をしていきました。

すると、通帳の印字に『友の会』と書いてあるものがデパートの積立だということがわかり、積立金の数十万円を受け取っていただくことができました。

また複数の生命保険に加入していたことが、数年前の確定申告書からわかり、保険金請求をすることができました。

そしてＡさんが賃貸だと思っていたお母様のマンションは、売買契約書が出てきたことでお母様の持ち物だということが判明しました。

また、一見財産とは関係ないと思われがちなＤＭや通販カタログにも逝去の連絡をすることで、有料カタログや定期購入商品を年払いで支払っている場合には返金をしてもらえることがわかりました。

手続き完了時に、Ａさんは、「通帳しかないので何にもわかるわけがないと本当は思っていたけれど、財産だけでなく、母がどんな暮らしをしていたのかまでもがわかった。本当に驚いた」と話しておられました。

それと同時に「私は息子が困らないように財産のことや、大切なものが隠してあるところを話しておかなくてはね」と言われていたのがとても印象的でした。

私たち相談員は、通帳や書類の中から財産を発見し、必要な相続の手続きをしていくことを得意としておりますが、Aさんが最後にお話しされていた通り、家族でのコミュニケーションがいかに大切かを日々実感しています。

そんな一番大切な『家族の絆』をAさんはお母様から『相続』されたのだと、うれしく思いました。

事例23

段ボール箱いっぱいの郵便物の中から

剛様のお父様は、定年後から株式投資を始められていましたが、半年前に86歳で亡くなられました。

長男である剛様は、地元の大学教授で公舎住まいであり、勤務も多忙な毎日です。

剛様には、ご実家に1人で住む年老いたお母様と、県外に住む妹と弟がいます。

剛様は、月に何度かは実家に帰られ、その際お母様に、

「郵便物が届けば、決められた1個の段ボール箱に保管しておくように」

と伝えていたところ、ここ半年の間で段ボール箱はいっぱいになりました。

剛様は、出張や公務でその箱の整理まで、手をまわせず、当センターにS証券会社の保護預かり株式と、東京証券代行はじめ、信託銀行4行の特別口座にある端株21銘柄の名義書換の手続きと、預貯金や不動産の相続手続きと合わせてご依頼をされました。

端株の手続きのため、郵便物の入っている箱の中の関係書類を、銘柄別と信託銀行別に仕分けして一覧表を作成しました。

また、各証券代行部へ特別口座に保管中の銘柄名や、株数の照会を依頼するとともに、相続手続き用紙の取り寄せなども行いました。

郵便でのやり取りでしたので、かなりの日数がかかり、端株の一切の手続きについては着手してから約3ヵ月間で完了となりました。

「細々とした案件が多数あり、とても面倒な相続手続きでしたが、丁寧に対応していただきました。私個人ではできませんでした。とても感謝しています」との〝声〟をいただきました。

「遺産だけど、遺産じゃない？」～民法と税法の財産の違い～

遺産の中には、民法では遺産に入らないけれども、税金の計算をするときには、遺産に含めなければならないものがあります。

例えば次のようなものです。

・生命保険の死亡保険金
・死亡退職金
・生前贈与した財産
・相続人ではない人に遺言で遺贈した財産
・未支給年金
・高額療養費及び高額介護費の還付金

これらの遺産は、相続人が話し合って誰が引き継ぐかを決めるものではなく、予め誰のものであるかは決まっています。

相続税がかかる場合だけ、税務署に申告しなければならない遺産です。

同じように、税金の申告の際には、土地の評価は小規模宅地の特例を使える場合がありますが、実際の土地の値段とは大きく違う評価になります。

税務申告の際の財産目録は、あくまで税務署に対する書類であって、実際の遺産の目録とは少し違うということを知っておいてください。

また土地に関しては、公示価格、路線価格、固定資産税評価額、実際の売買価格という4つの値段が付きます。

公示価格は国土交通省、路線価格は税務署、固定資産税評価額は市役所、売買価格は購入者というように、役所によって価格が変わります。そのため、実際の売買価格と税務上の価格が大きく違うことがあります。

土地の境界がきちんと決まっていない土地や、再建築できない土地などは、実際には売れない場合が多く、いわゆる負の財産となる不動産です。

珍しいですが、土地の名義があべこべで、お隣の土地が自分の土地だと信じて疑わずに住み続けていたケースもありました。

さらに、借金など、マイナスの財産も遺産です。

事例24

3000万円の借金がチャラになり、2500万円の現金だけを相続！

川井さんのご子息は消費者金融などからの借り入れが大きく、借金を借金で返すという自転車操業を繰り返していました。

しかし、ある日突然自殺されてしまいました。

お子さんはなく、勘当状態にあったご両親が相続人となりました。

どこで調べたのか、来る日も来る日も金融会社からの借金返済の催促が、川井さんの自宅に届いていました。

ご子息が残されたのは3000万円の借金と、生命保険金1500万円と1000万円の死亡退職金だけでした。

すべてを返しても、500万円の借金がご両親に残ります。

川井さんは、心身ともに疲れ果てられた状態で相談に来られました。

そこでまず、各金融会社にご子息がお亡くなりになられたことを伝えました。

そして、ご両親には相続放棄の手続きがあることをお伝えしました。

ご両親はすぐにでも放棄の手続きをされることを望まれ、とにかく催促の電話がかかってこないようにして欲しいと切望されました。

ご依頼を受けてすぐに手続きに入り、家庭裁判所に書類を提出しました。

矢のような金融会社からの催促がなくなったことに安心され、

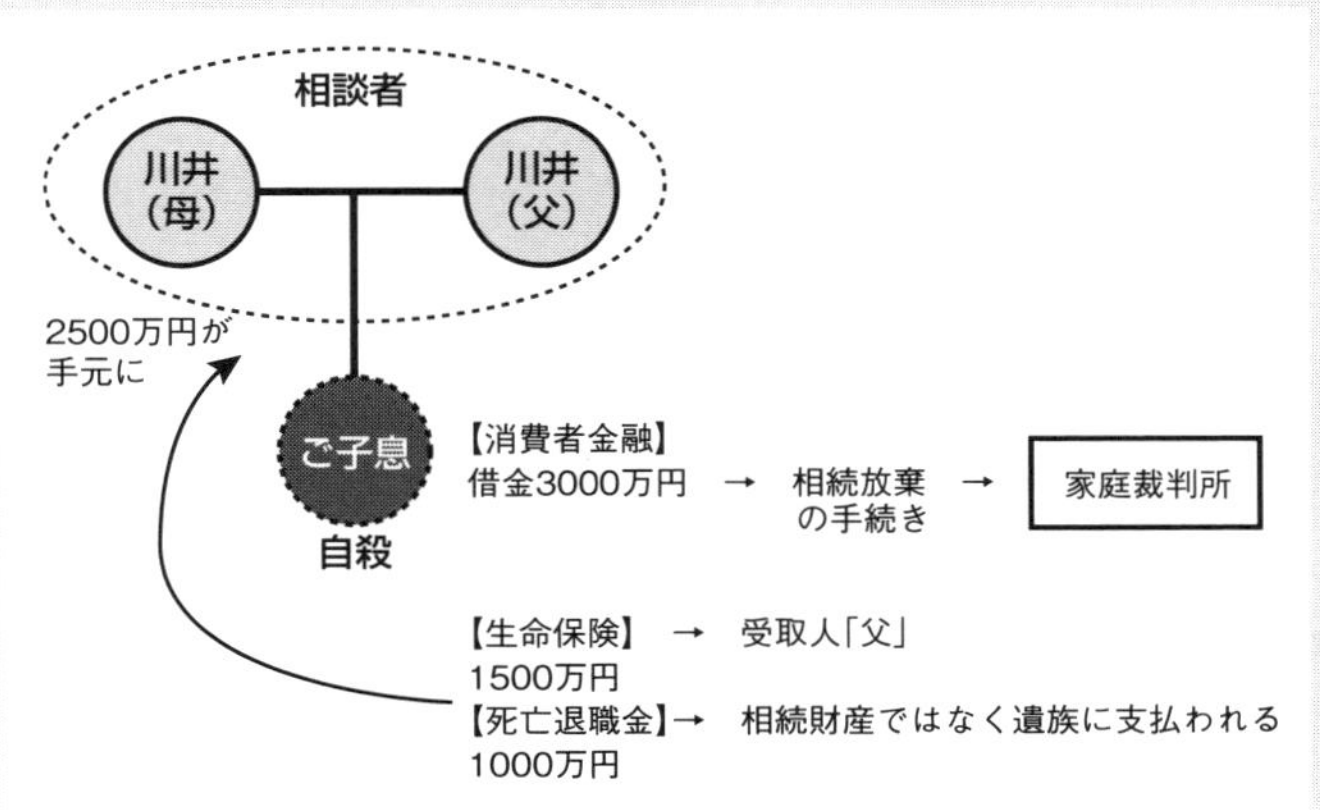

「もっと早く知っていれば……」と喜んでおられました。

ところで、生命保険金と死亡退職金はどうなったかというと、すべて、ご両親の固有財産になりました。

生命保険は受取人がお父様にしてあり、退職金は就業規則を調べてみると相続財産に入らないことがわかりました。

５００万円の息子の借金を背負いながら、返済していかなければならないと思っておられたご両親には、生命保険金と死亡退職金の合計２５００万円の現金だけが残りました。

勘当状態であっても、もしものときのことを考えてご子息はお父様を受取人にして生命保険をかけておられたのでしょうか。

川井様はこのお金を大切に供養費に当てられると言っておられました。

事例25

妻の知らない実家の不動産

夫を亡くした妻Ｃさんが相談に来られました。

Ｃさん夫婦には子供がいなかったため、相続人はＣさんと夫の兄弟ですが、兄弟が全員亡くなっていたため、甥姪が相続人となりました。

遺産は家とわずかな預貯金で、Ｃさんの今後の生活のことを考えて、すべてをＣさんが相続することで話し合いがもたれ、基本的には合意しました。

しかし、甥が「そういえば、お祖父さんの相続のときに、私たち甥姪と共有で相続した不動産があるはずです」と言いました。

Cさんには、何のことかわからなかったのですが、不動産の所在を聞いて、調べてみると、確かに夫と甥姪の共有持分の不動産がありました。

先祖代々から続いている田畑と山林の土地でした。

結局、この共有持分のある不動産は甥姪が相続することになりましたが、Cさんは知らない不動産が出てきたことで、大変驚かれていました。

このように、自宅以外にも不動産、特に他の都道府県などにお持ちの場合は、配偶者であっても知らない場合がありますので、注意が必要です。

特に、亡くなった方のご実家の近辺では、昔相続した土地があるかもしれません。

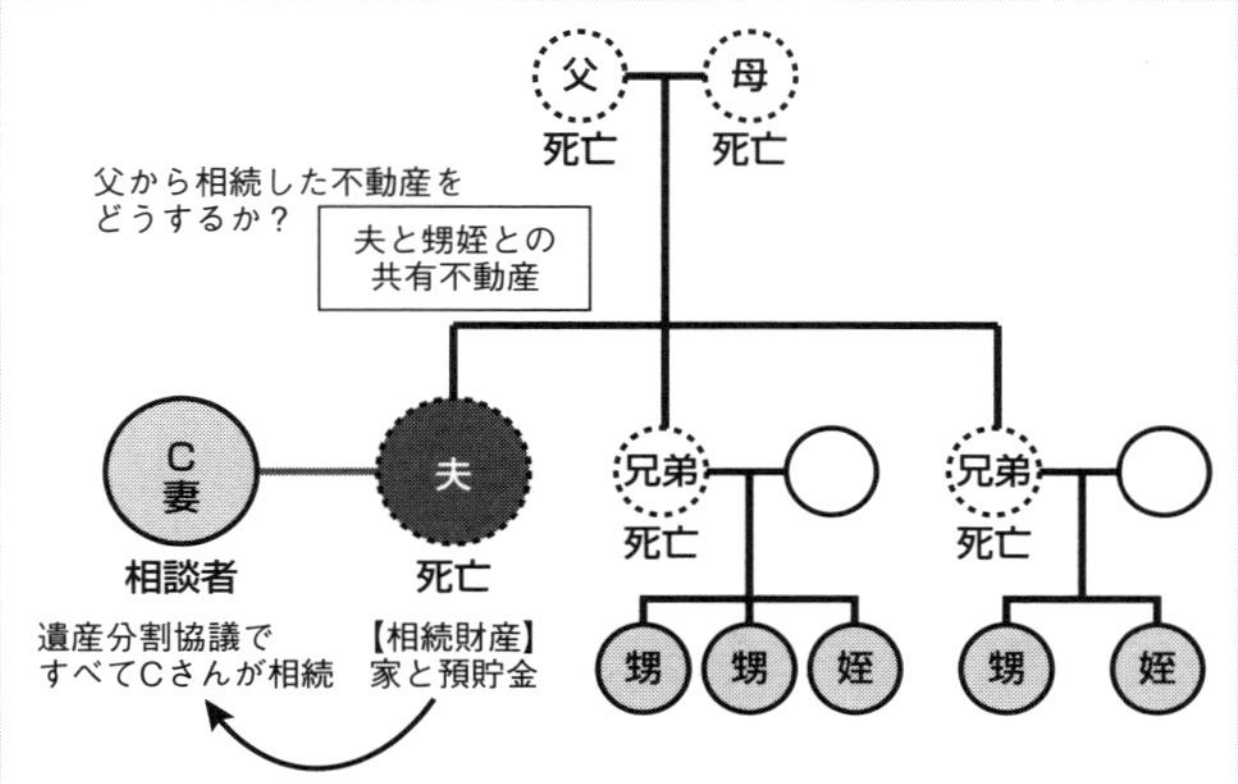

事例26 思わぬ借金にびっくり！ 自宅も売らなきゃ？

小林さんの息子は、雑貨店の店主として15年以上もお店を経営され、愛想もよく、お客の入りもまずまずのお店でした。しかし、最近見かけないと思ったら、ある日突然、息子さんが病気で亡くなったとの知らせにびっくりしました。

息子は結婚しておらす、相続人は小林さんだけです。

相続財産を確認してみると、預金などプラスの財産はほとんどなく、銀行の借金と消費者金融の借金が、合計１５００万円ありました。

小林さんは年金生活で収入は少なく、とても借金は返済できないと思い、お店は閉め、自宅を売却する手続きを始めていたところでした。

見かねた小林さんの長女が、ネットで当社の存在を知り、相談に来られました。

後日、税理士を交えて確認したところ、お店の収益は悪くなく、借入の返済も何とかやっていけるのではないかとのことで、小林さんが引き継いで経営をしていくことになりました。

さらに、司法書士に確認したところ、消費者金融に対し、相続人から過払い請求ができることがわかり、払いすぎていた利息を戻してもらいました。

結果、相続放棄も自宅の売却もせずに、相続手続きを終えることができました。

安易に相続放棄をせず、全体を把握することが大切です。

小林さんは、今でもはりきってお店の経営に取り組んでおります。

「借金も相続？」～相続をするか放棄するかの判断～

何も遺産を相続しないという場合に、相続放棄をしたと言われる方もおられます。

しかし、この言葉には、2種類の意味があります。

「相続放棄」と「0円相続」です。

■相続放棄

まず「相続放棄」とは、借金が多い場合やどれだけ借金があるかわからないときに、家庭裁判所に申し立てて、最初から相続人でなかったことにしてもらうという制度です。

権利や義務を一切引き継がないということになります。

相続放棄をした場合は、固定資産税や借金を払う必要はないのはもちろんのこと、故人の財産には一切手を付けることはできません。

手続きは、故人の最後の住所地を管轄する家庭裁判所に申し立てます。

相続人の住所の近くの家庭裁判所でも受け付けてはくれますが、決定は故人の住所地の家庭裁判所で行われます。

妻と子供が相続放棄をすると、次は両親も相続放棄をしなければ、借金だけが追いかけてきます。

両親が相続放棄すると、次は兄弟姉妹も相続放棄をする必要があります。

23ページで述べた、相続の順位の順番に、借金が追いかけてくることになります。そこで、妻と子供は、相続放棄をしたのであれば、故人の両親にはその旨を伝えておくべきです。両親が相続放棄をしたら、兄弟姉妹にも伝えておきましょう。

突然、借金の取り立てが親族に行くと、驚かれることは間違いありませんし、その後の親族関係にも、悪影響を及ぼす恐れがあります。

預金と借金だけが遺産である場合は、プラスマイナスがすぐに計算できて、相続放棄をするかどうかの判断もしやすいですが、自宅などの不動産がある場合は、相続放棄しにくいのが現状です。

住んでいる家を手放さなければならないので、心理的に抵抗があるためです。

また、手続きを進めていく中で、関係がよくない相続人が「私は相続放棄をしたから」というだけで証明書を出してくれない場合や、相続放棄したかどうかすら教えてくれない場合があります。

そのときは、他の相続人から家庭裁判所に「相続放棄したかどうかの確認書類」を請求すると出してくれます。

相続放棄しても、死亡保険金や企業年金など受け取ることができる財産はあります。詳しくは、次の章を参照ください。

■０円相続

次に、「０円相続」です。

「財産放棄」とも呼ばれます。

巷でよく言われる、「私、財産は放棄したから」というのは、0円だけ相続したということがほとんどです。0円相続をした人は、財産は何も相続していないのに、後で借金の存在がわかったとき、払わなければならない可能性があります。

なぜなら、銀行などの債権者を交えて、誰が返済をするのかを決めることになり、借金を誰が返すのかを、相続人の間で自由に決めることはできないからです。

本来、0円相続をする人は、相続放棄の手続きをするべきです。

■保証人

最も怖いのは、保証人という制度です。

保証人は隠れた債務なので、見つけるのは大変難しいものです。

契約書すら持っていないことがほとんどです。

親戚や友人の連帯保証人になっていると、死んでからも家族に迷惑をかけることになります。

相続の手続きがすべて終わって、時間が経ってからでも、元々借りていた人が破産して、急に借金の返済を請求される可能性があるからです。

保証人になっていたら、誰のいくらの金額の保証人になっているかということを、家族に伝えておくべきです。契約書の写しは、必ず持っておいてください。

それを知っていれば、家族は遺産を引き継ぐか、相続放棄をするかどうか、決めることができるからです。

事例27 よく似た名前「相続放棄」と「財産放棄」

Aさんの相談内容です。

「半年前に主人が亡くなり、その相続の手続きを今回したいのですが……」から始まり、「私は一切財産を相続する気持ちはなく、子供たち2人に全部相続させたいのですが、今さら相続放棄もできないので、やはりいくらか財産を相続するしかないのでしょうか」というものでした。

相続放棄をする場合は、相続の開始があったことを知った日から3ヵ月以内にしなければなりません。すでに期限が過ぎてしまっているAさんは、相続する気持ちがないにもかかわらず相続しなければならないという、何かもどかしさを抱いている様子でした。

「子供たち2人が相続する内容の遺産分割協議書をきちんと作れば、相続放棄をしなくても大丈夫ですよ」の一言で、Aさんが安心されたのは言うまでもありません。

左の表で※がAさんの「気持ち」であり、「とるべき方法」でした。

	相続人の地位	プラス財産	マイナス財産	手続き方法
相続放棄	相続人でなくなる	承継しない	承継しない	家裁への申し立て（3ヵ月以内）
財産放棄	相続人のまま	※承継しない	承継する	※遺産分割協議による

多くの場合、相続放棄をするのは、借金が多くてどうにもならない状況のときですが、Ａさんのように借金（負債）が多いわけでもないのに、「相続しない＝相続放棄」と結びつけてしまう傾向にあります。

世間一般でよく言われる相続放棄は、実は財産放棄であることがほとんどです。

しかし、財産状況（プラス財産、マイナス財産）は、できるだけ早めに全体を把握する必要があります。

事例28 親族に迷惑をかけない「事前の配慮」

「父親の借金を相続放棄したいが、親族に迷惑をかけることになりませんでしょうか」とＧさんが相談に来られました。

相続放棄の手続きは、相続の開始があったことを知った日から３ヵ月以内であればすることができますが、親族に迷惑をかけないようにするためには少しの配慮が必要です。

相続放棄の効果は、第一順位の相続人(子供)全員が相続放棄をすると、次に第二順位の相続人(親)に相続権が移り、また、その親も相続放棄をすれば、さらに第三順位の相続人（兄弟姉妹）にまで、最終的には相続権が移ることになります。

このことからもわかるように、「本人」だけの話では事済まないのです。

ある日突然、自分のおじいさんやおばあさん、もしくはおじさんおばさんに、身に覚えのない借金の請求が行くことを思い浮かべてください。

当然、驚かれるでしょうし、不安にもなることでしょう。

相続放棄の手続き自体は、個々それぞれが行うことですが、まわりの皆にも影響を及ぼすということを覚えておいて欲しいものです。

第一順位、第二順位、第三順位の相続人全員に状況を事前に説明し、順番に全員が相続放棄をしていく必要があります。

事例29 家族が知らないマイナス財産

相談者Bさんの奥さんAさんが、亡くなりました。

死後間もなく、銀行から亡くなったAさんへ借入の返済についての内容証明が届きました。

内容を見てみると、Aさんの兄の後妻の連れ子がした多額の借金でした。

その兄は数年前に亡くなっており、生前連帯保証をしていた債務が回り回って亡くなったAさんのところにきたものでした。

奥様の死後、まだ心の整理もついてない相談者のBさんは、何が何だか訳がわからず相談に来られました。

必要に応じて家庭裁判所に相続放棄の申し立てをすることも視野に入れて、早速事実確認を始めました。

相続放棄のためには、相続後3ヵ月という期間のほか、「相続財産を処分していない」という要件が必要です。

幸い早い時期にご相談いただき、状況確認ができたため、スムーズに相続放棄をすることができました。

相続状況の事実確認をしないまま手続きを始め、後日借金や連帯保証債務が見つかり、相続放棄ができない例があります。まずは全体像の把握をすることが大切です。

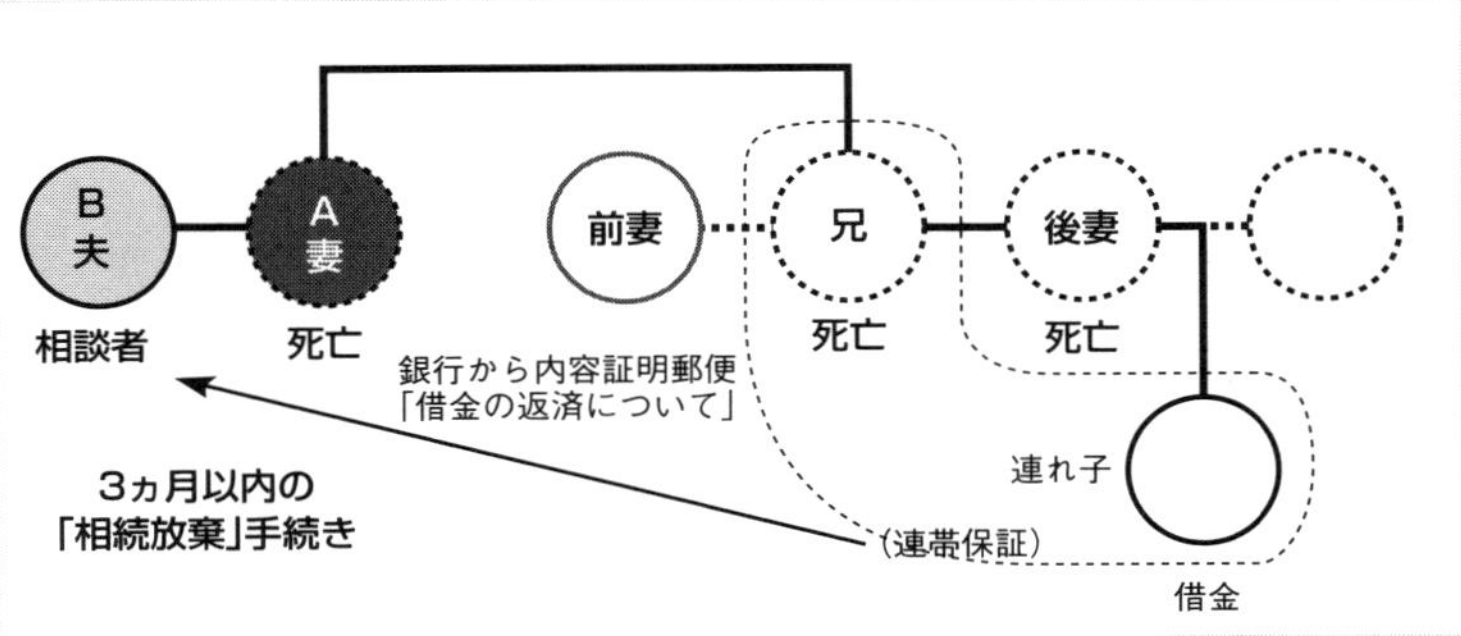

事例30　相続放棄できるのか　～大家さんからの1通の手紙～

Ａさんがまだ幼い頃に両親は離婚をし、Ａさんは母親に引き取られ今まで暮らしてきました。その後父親とは会ったことがなく、存在自体忘れかけようとしていたその矢先、とあるアパートの大家さんから、１通の手紙がＡさん宛に届きました。

手紙の内容は、Ａさんの父親と思われる方が先日亡くなったこと、家賃の滞納が４ヵ月分あるので支払って欲しいこと、部屋の家財道具などの処分を早急にお願いしたいこと、まずは連絡をいただきたいこと、などでした。

父親と離れて暮らすようになってから数十年経ち、今さら父親のことに関わりたくない気持ちがあったので相続放棄をするつもりでしたが、大家さんからの再三の申し出もあり、迷惑を掛けることはできないという思いから、結局、部屋の家財道具などを処分し、大家さんに明け渡したのでした。

Ａさんは、財産を勝手に使ってしまったことになり、相続放棄ができなくなるのではと心配されていました。

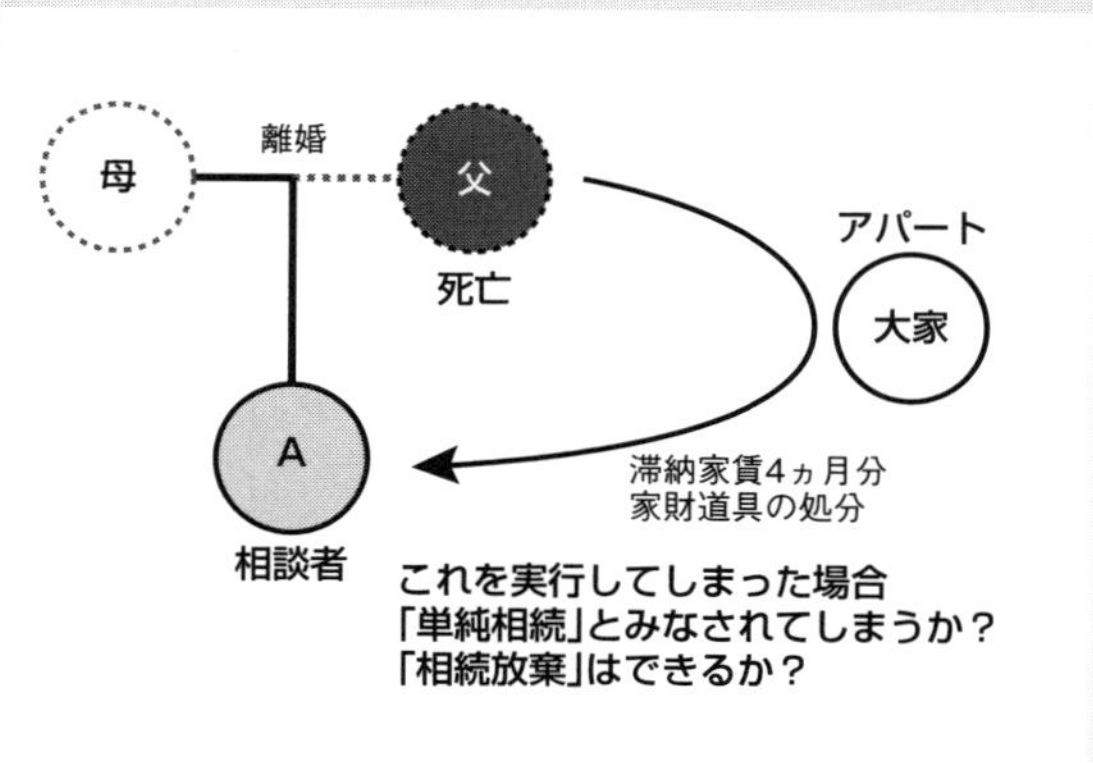

たしかに民法では、相続財産の一部もしくは全部を処分した場合、単純相続とみなされてしまう、というものがあります。

しかし、今回のAさんのケースでは、「家財道具などを処分し」ということから、単純相続したとみなされてしまい相続放棄はできないという結論にはならず、相続放棄の申請は家庭裁判所で無事受理されました。

ポイントは2つです。

1つ目は、処分した相続財産は価値があるかないかです。

もっとわかりやすく言うと、お金に換金できるものであったかどうか、ということです。

つまり、価値のない物を処分したとしても単純相続とはみなされないということです。

例えば、父親が使っていたお茶碗、ボールペン、Tシャツなどは、おそらくお金に換金できないでしょう。

また、家財道具にしても、有名なブランド製であれば別ですが、購入してから何十年も使用したものは逆に引き取り料がかかったりします。

2つ目は、右記の話の内容では明らかにはなっておりませんが、もし4ヵ月分の滞納金、つまり負債をAさんが支払いましたが、あくまでAさんの固有財産から個人的に返済をしたので、単純相続したとみなされませんでした。

しかし、財産を処分する場合は、事前に専門家に相談されることが必要です。

事例31 銀行から突然の連絡

Ａさんの父親は5年前に亡くなり、相続人である長男Ａさん、長女Ｂさんで遺産を分割し相続手続きを済ませていました。

平穏に暮らしていたある日、Ａさんたちが住む街から遠く離れた地方銀行から、1通の手紙が届きました。

手紙には、Ａさんの父親の弟（Ａさんの叔父）が多額の借金を残して亡くなったこと、ＡさんとＢさんが相続人になっていることが書かれていました。

父親は長男でしたが、実家を出て遠く離れて暮らしており、家業は父親の代わりに叔父が継いでいました。

自分が家業を継がなかった負い目もあってか、父親は実家とすっかり疎遠になっていました。

父親の実家の商売のことなど知る由もなかったＡさんは、銀行からの通知にたいそう驚きました。

実家の連絡先もわからず、状況が把握できないまま2週間が経ちました。

Ａさんは相続放棄を考えていましたが、万一父親が叔父の連帯保証人になっていたら……と思うと夜も眠れません。

保証人の地位は、相続で引き継ぐことになるからです。

ようやく叔父の家族と連絡が取れて、詳しい話を聞いてみると、父親は連帯保証人にはなっていないことが確認できました。

叔父の家族はすでに相続放棄の手続きを済ませていましたが、Ａさんたちの連絡先がわからず、また相続人の地位がＡさんとＢさんに移ることも知らなかったようでした。

Ａさんは、早速相続放棄の手続きを始めました。

相続放棄は、「相続の開始があったことを知った日から3ヵ月以内」であれば可能です。

今回のケースでは、先順位者である叔父の家族が、相続放棄をしたことを知った日から3ヵ月以内であれば、相続放棄が認められるということです。

相続放棄の申述は、亡くなった叔父の最後の住所地の家庭裁判所に対して行うこととなっているため、郵送で手続きを進め、無事に受理されました。

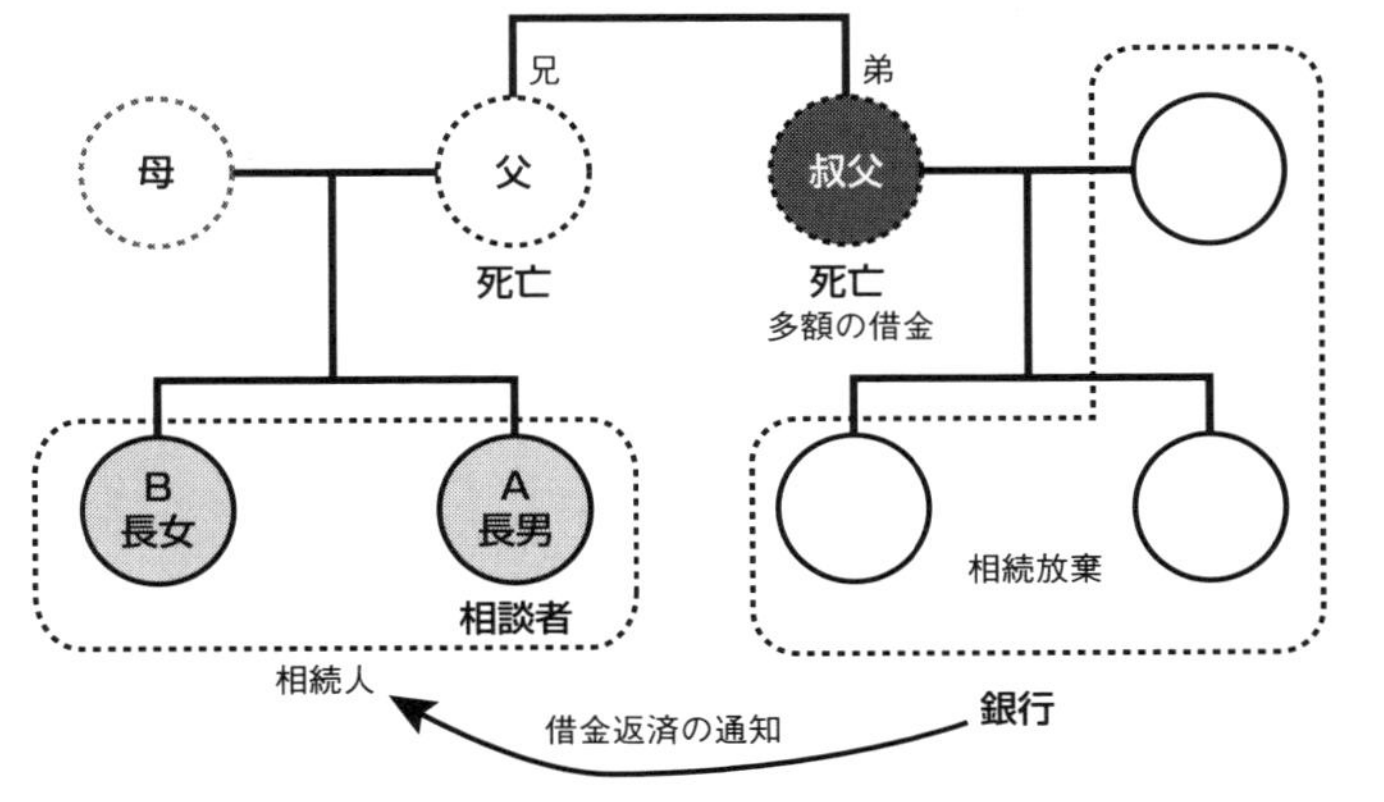

相続放棄の手続き
「相続の開始があったことを知った日から3ヵ月以内」

事例32

借金はないけど相続放棄をします！

38歳になる山下さんから「父が亡くなったので相続放棄をしたいがどうすれば良いか？」と問い合わせがありました。

相続放棄ということで、当初は借金や保証人等の負の財産があったのかと思っていましたが、話を聞いてみると借金があるわけでも、また誰かの連帯保証人になっているわけでもなく、残された財産は不動産と少しの預貯金があるということでした。

借金等もないのになぜ相続放棄をしたいのか？　疑問に思いつつも詳しく話を聞いてみると、残された不動産に問題があったのです。

亡くなった山下さんの父は自宅の土地建物と併せて、先祖代々続く地域住民の人たちと共有名義で多くの山林を所有されていました。

詳しく調べると、48名の共有名義の山林が52筆もありました。

山下さん自身も、共有名義を相続するだけであれば特に問題ないのですが、山林の管理そして地域住民の人たちとの付き合い等、遠方に住んでいる山下さんにとっては非常に煩わしい問題だったのです。

特に山下さんが悩んでいたのは、遠方にいても自分が相続する分には何とかなるとは思うが、自分に相続が起こったときのことでした。

山下さんには中学生と小学生になる２人の娘さんがいらっしゃいましたが、「２人の子供たちも将来は結婚をして家を出ていくだろう。そんな娘たちが、将来自分の相続でこんな共有名義の山林を引き継いでも、負担を掛けてしまうだけなので申し訳ない。」という気持ちだったのです。親族にもどうするべきかと色々と相談をしました。当然周囲からは相続放棄をすることへの反対意見が多数でした。

しかし山下さんは親族からどんなに反対されても、将来の娘さんたちのことを最優先に考え、最終的に家庭裁判所に相続放棄の申し立てをして、相続放棄をされました。

地方では、このように先祖代々続く共有名義の不動産の相続が多くあります。今までは、先祖代々続く土地を守る意識で子供たちが引き継いできたことも事実ですが、今回の山下さんのように、逆に負担に思う方も多くいるのが現状ではないかと感じます。切ない話ではありますが、まさに核家族化した日本の現状を象徴する相続だったのではないかと感じます。

「誰が何を相続する？」〜遺産分けの話がまとまれば実印を〜

相続人と遺産が確定したら、いよいよ誰が何を引き継ぐかという話し合いです。

遺産を分ける話し合いということで、遺産分割協議と言います。

話し合いがまとまれば、〝遺産分割協議書〟に全員が実印を押して、印鑑証明書を添付します。


しかし、相続人の中に、未成年者や、認知症の方がいると、実印を押すことができないので、代わりに実印を押してもらう人を選ばないといけません。

未成年者の相続人がいるときは、「特別代理人」を家庭裁判所に選んでもらいます。

今回の分割協議をするためだけに、特別に選ばれる代理人ということです。

通常は、未成年者の代わりに両親が代理することができますが、遺産分けのときは、親の相続分が増えると子供の相続分が減るという状態になるため、このような制度が使われます。

認知症の人の場合は、成年後見人を申し立てて、代理してもらうことになります。


話し合いがまとまったら、実印を押しますが、海外に住んでいる人がいる場合は、実印が登録されていないため、印鑑証明書がありません。

その場合は、大使館や領事館で〝サイン証明〟という、日本の印鑑証明書に代わるものを取ってもらうことになります。

大使館でサイン証明を取ることが、距離や時間的に難しい場合は、日本に一時帰国した際に、住民票を日本に移して、その場で印鑑証明書を取るという方法や、公証人に証明書を発行してもらうという方法もあります。

珍しい例ですが、刑務所に入っている相続人の場合は、刑務所長に「奥書証明」という書類を書いてもらい、それが印鑑証明書の代わりになります。

遺産をどう分けるかは、相続人全員でしっかりと話し合って納得して決めることが大切ですが、どうしても話し合いがつかない場合には、家庭裁判所の遺産分割の調停又は審判の手続きを利用することになります。

調停を行う家庭裁判所は、自分以外の相続人が住んでいる地域の家庭裁判所です。

調停では、調停委員と呼ばれる人が、それぞれ相続人から話を聞いたり、必要に応じて資料等を提出してもらったり、遺産についてもう一度裁判所で値段を算出したりして、事情をよくわかったうえで、解決案を提示したり、解決のために必要なアドバイスをしたりしながら、なんとかまとまるよう話し合いが進められます。

なお、話し合いがまとまらず調停が不成立になった場合には、裁判官が様々な事情を考慮して審判をすることもできます。

この審判は、おおかた法定相続分がベースとなる結果が多いです。

また、アメリカに住んでいる弟と日本在住の兄が調停をする場合は東京家庭裁判所で行うことになります。

※家事事件手続法、非訟事件手続法、人事訴訟法による最高裁判所規則：相手方が外国に居住し、日本に住所又は居所を有しないときは、管轄裁判所は東京都千代田区を管轄する裁判所（東京家庭裁判所）となる。

事例33

相続人は塀の中

Aさんの相続人は、後妻であるBさんと前妻の子Cさん、Dさんの3名でした。

Bさんからの相談を受け、早速お2人に連絡を取ることにしましたが、Dさんの行方が全くわからなかったので、家庭裁判所に「不在者財産管理人」の選任の申し立てをすることにしました。

「不在者財産管理人」とは、相続人の中に行方不明者がいる際に、弁護士等に管理人になってもらい、その相続人が相続すべき財産を管理してもらう制度です。

「不在者財産管理人」の申し立てがされると、公告をしたり裁判所が職権で調査したりして、不在が事実であることを確認していきます。

今回は、その過程でDさんの居場所が判明したため、Dさんに対する「不在者財産管理人」の手続きは進められないとの連絡を受けました。

しかし、Dさんがいたその居場所とは……？

なんと塀の中、つまり刑務所に服役中だったのです。

通常、相続手続きを進めるためには、相続人の署名、実印、印鑑証明書が必要になります。

Dさんには、遺産分割協議書の内容として、法定相続分で分割することの了承は得ていたのですが、服役中なので、必要書類の実印、印鑑証明書は用意できる状態ではありませんでした。

今回の手続きには、実印の代わりに拇印、印鑑証明書の代わりに「刑務所長による奥書証明」が必要となりました。

預貯金については、Dさんの法定相続分を除いて解約しました。

Dさんの法定相続分は、銀行側でDさんが出所するまで保管し、出所後に遺産分割協議書とAさんの通帳を持参すれば手続きができるということです。

刑期を終えられたら、Dさんは出金に行かれることでしょう。

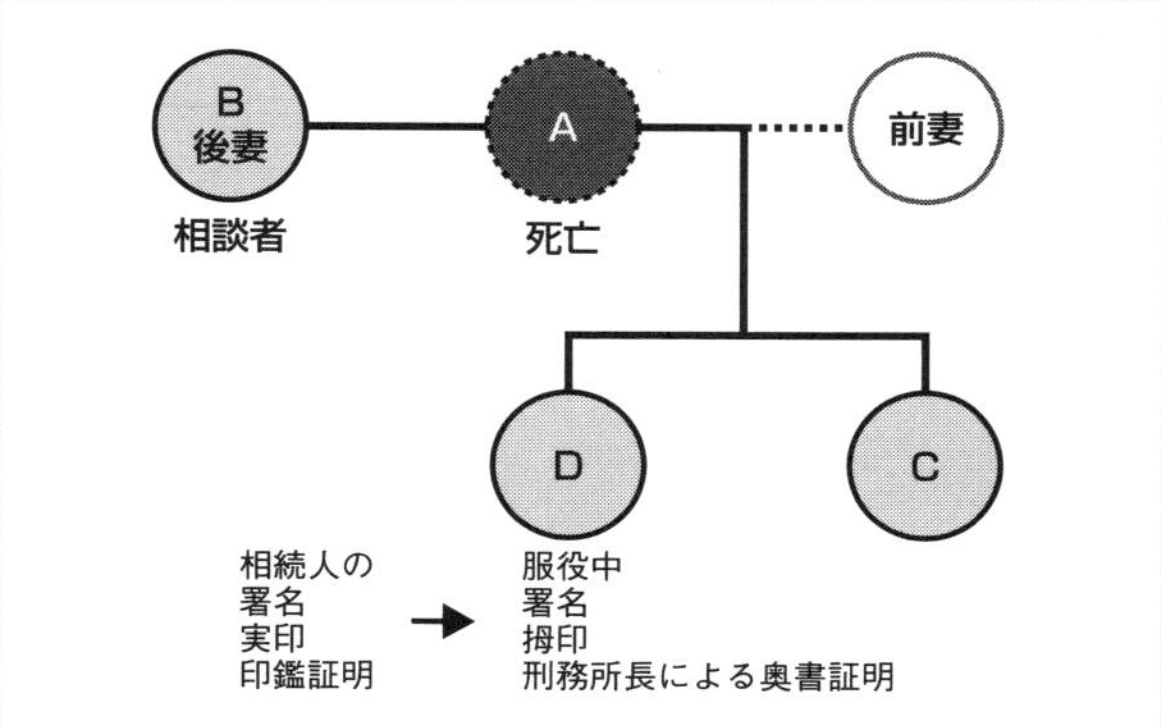

事例34　相続人が10歳だった場合の取り分

自営業者だったAさんが急にお亡くなりになり、相続人は配偶者と未成年者2名（小学生と幼児）の計3名でした。

相続人に未成年者がいる場合、親権者でもありかつ相続人である、母（Ａさんの配偶者）との間に、利益相反が生じるため、未成年者にはそれぞれ特別代理人を選任する必要があります。

そして、家庭裁判所に対して、妻と特別代理人ＢＣの３人で「こんな分け方を考えています」という遺産分割協議書案を提出する必要があります。

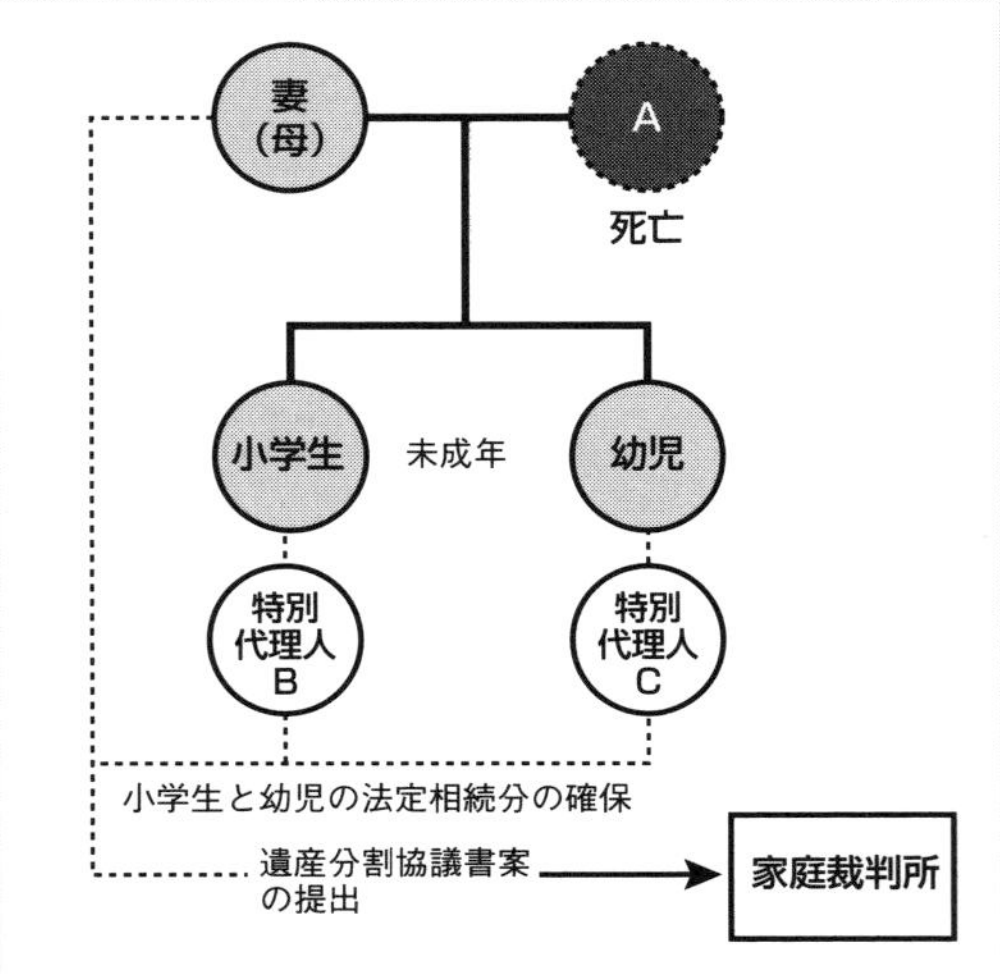

通常、未成年者には法定相続分を確保する必要がありますが、今回は、大部分が事業用資産であって法定相続分で分割するのが難しい状況でした。

そこで、資産管理の面も考慮して、「全財産を配偶者が相続する」という形で裁判所に提出しましたが、「未成年者の相続分がない」という旨で受理されませんでした。

そのため、全財産を法定相続分で分割した案で金額を算定して提出したところ受理され、無事に手続きすることができました。

未成年者や認知症の相続人（成年被後見人）がいる場合には、法定相続分の確保のため、特別代理人や後見人などとの調整が必要になるため注意が必要です。

税金対策のためとか、二次相続のためとか、今後の相続のときにもめないようにするためとか、そんなことは関係ないようです。

家庭裁判所での、特別代理人の存在意義としては、未成年の子供の権利をきちんと確保することが、最優先であるからです。

事例35 海外に在住している相続人

Ａさんの父親が亡くなり、相談に来られました。

子供はＡさんを含め４人おり、父親が亡くなる前に母親はすでに亡くなっていました。

相続人は４人だと思い戸籍を取って確認してみると、実は父親は再婚で前妻との間に子供Ｂさんがおり、相続人は５人ということが判明しました。

ところが、前妻との間の子供Ｂさんは海外に在住しており、Ａさんはどのように手続きを進めればいいのか悩んでおられました。

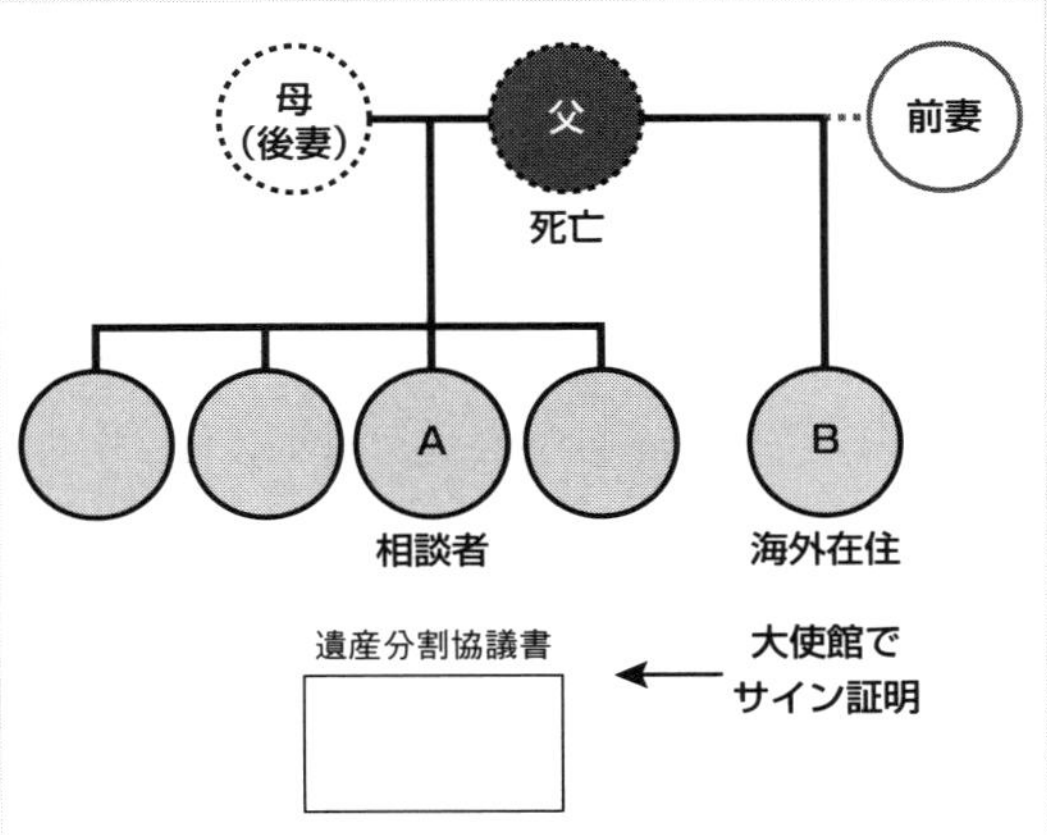

本来であれば、遺産分割協議書を作成する際には相続人の自署・押印、印鑑証明書が必要になりますが、相続人が海外に在住している場合は、印鑑証明書がないため、海外の大使館又は領事館に遺産分割協議書を持っていき、そこでサイン証明を取得していただく必要があります。

なお、日本に一時帰国する予定がある場合は、日本の公証役場で公証人から証明を受けることも可能です。

今回の場合は、大使館でサイン証明を取得していただきました。

少し手間と時間が掛かってしまいましたが、無事手続きが完了して、Ａさんは喜んでおられました。

事例36　〝住所不詳〟――「印鑑登録証明書」取得不可の相続人!!

夫Ａが突然死亡しました。困惑した妻Ｂから葬儀社の社長を通じ、相続手続きの相談が持ち込まれました。

夫婦には子供がなく、相続人は妻Ｂの他にＡの姉妹Ｃ、Ｄ、Ｅの４人であるとのことでした。

しかし、妻Ｂと夫Ａの姉妹たちとの付き合いがほどんとないとのことで、戸籍を取得して相続人らの所在を確認したところ、妹Ｅの住所が「職権消除」されていて、まったく音信不通の状況であることがわかりました。

そこで、不在者財産管理人の申し立てを行う予定で、候補者の選定を要請するとともに遺産分割協議書の作成準備に入ったところ、姉Dより所在のわからなかった妹Eから連絡があったことを聞き、司法書士が妹Eと連絡をとることができました。

妹Eと面談にて住所不詳の事由を伺ったところ、息子のDVから逃れるためであり、住所の届けは出していないし、今後も出す予定がないということを確認しました。

住所の届けがないということは、手続きに必要な「印鑑登録証明書」がとれない！　ということになります。そこで、印鑑証明書添付に代わるものとして『公証人による認証』により、遺産分割協議書を作成することにしました。

妻Bはじめ他の相続人の了解を取り、後日妹Eの入院中の病院にて公証人立会いの下、妹Eの署名捺印を行い『公証人による認証』を添付、「遺産分割協議書」を整えることができました。

結果、自宅マンションの相続登記をはじめ、銀行等預貯金の相続手続きも無事終了、妻Bの困惑を一掃することになり大変喜んでいただきました。

第2章
相続の手続き48選

士業が行う手続き

この章では、相続の代表的な手続きをご紹介します。

相続の手続きは、基本的にはすべて、ご自身でも行うことができますが、生涯そう何度もあるものではありませんので、専門家に任せたほうが安心な場合もあります。

次からご紹介する手続きを読んでみて、できるだけ自分でやってみたが、自分でやるのは少し時間的にも労力的にも難しそうだと思うものは、専門家に依頼してみてください。

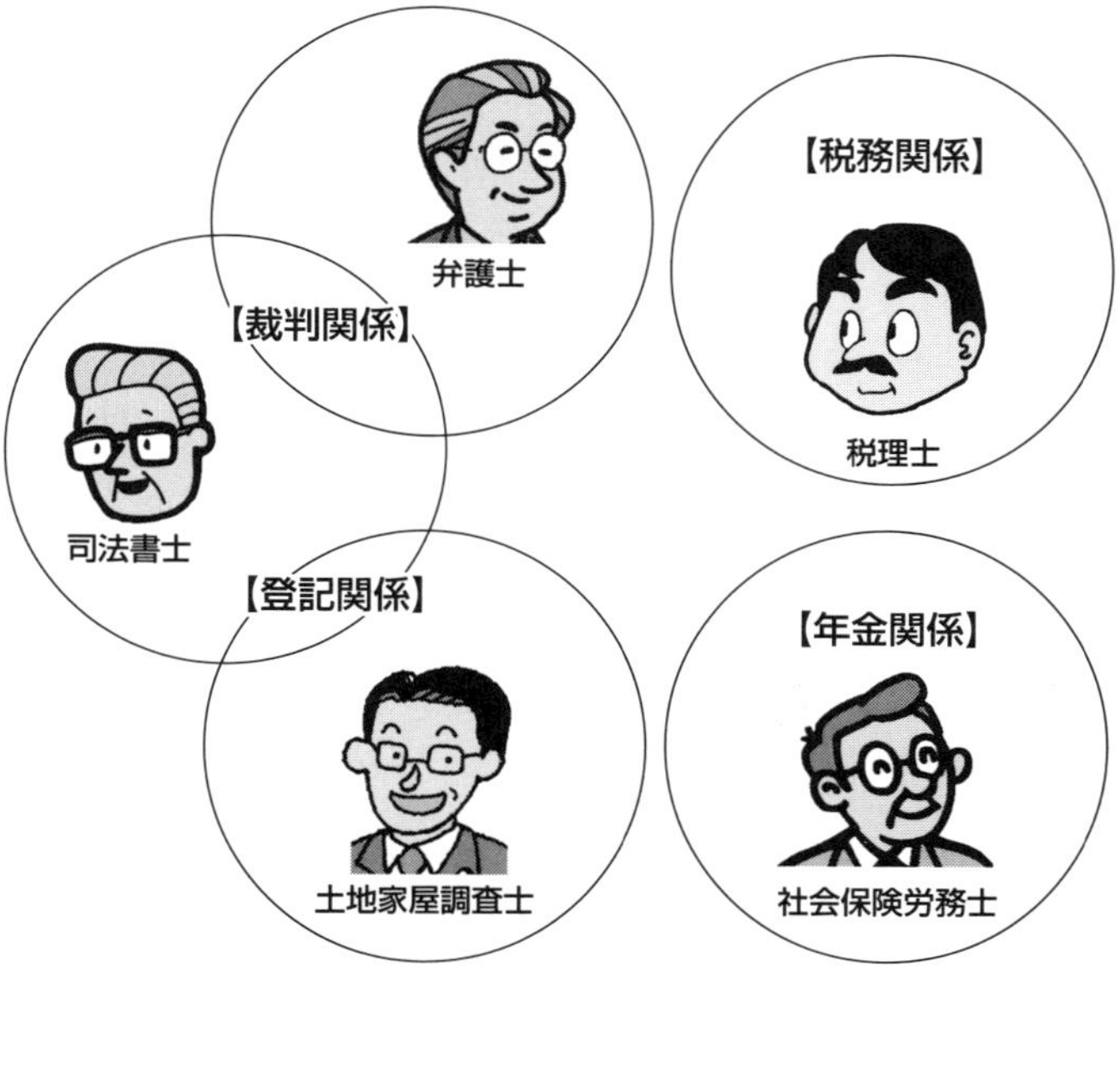

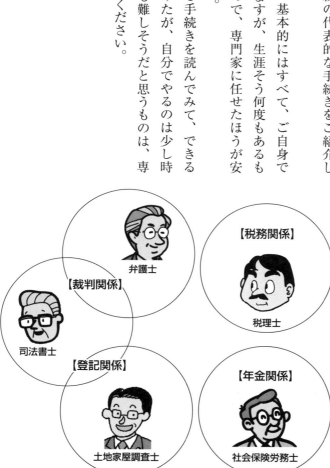

士業が行う手続き一覧

種類	専門家	種類	専門家
共通手続き		**裁判関係**	
遺言書有無の確認	共通	遺言書の検認・開封	弁護士・司法書士
相続人の調査	共通	遺言執行者の選任	弁護士・司法書士
相続財産（不動産）の確認	共通	遺言内容の執行	弁護士・司法書士
遺産分割協議	共通	相続放棄・限定承認申立	弁護士
登記関係		分割協議の調停・審判	弁護士
相続（名義変更）登記	司法書士	裁判所外での協議	弁護士
所有権保存登記	司法書士	遺留分減殺請求	弁護士
建物表記登記	土地家屋調査士	**年金関係**	
建物滅失登記	土地家屋調査士	埋葬費	社会保険労務士
土地分筆登記	土地家屋調査士	遺族基礎年金・寡婦年金・死亡一時金	社会保険労務士
土地境界確定	土地家屋調査士	埋葬料・家族埋葬料	社会保険労務士
税務関係		埋葬費・遺族厚生年金	社会保険労務士
相続税の申告	税理士	葬祭料・遺族補償年金	社会保険労務士
所得税の準確定申告	税理士	未支給失業給付金	社会保険労務士

役所に提出・返却する手続き

1．死亡届

死亡者の、戸籍を抹消する届出書類として提出します。

提出期限は、届出者が死亡の事実を知った日から7日以内です。（国外で死亡したときは、その事実を知った日から3ヵ月以内）

手続き先は、主に死亡者の本籍地、死亡地、届出人の現住所地の順位で、当該市区町村役場へ提出します。最終的には本籍地へ届けられ、おおむね1ヵ月以内に、管轄の法務局へ送付されます。

死亡届提出後に、手続きなどで「死亡診断書」などが必要になった場合に、「死亡届記載事項証明書」（死亡届の写し）を請求すると、費用が３００円ですみます。（1ヵ月以内は市区町村で、それ以後は管轄の法務局でのみの証明となりますが、まずは、市区町村に尋ねてみるとよいでしょう）

申請書類は、届出書です。

届出用紙は市区町村役場や病院等に備えられて、用紙サイズはA３横使いで中央から左側が死亡届、右側が医師が記入する死亡診断書や検視官が記入する死体検案書の併用形式がほとんどです。

医師や検視官が記入した死亡診断書又は死体検案書（中央より右側）を、死亡時に発行され、届出人が死亡届（中央より左側）に記入押印し、当該市区町村役場の戸籍係へ提出します。

役所に行くときには、届出人の印鑑と、亡くなった方の国民健康保険証をもっていきましょう。（葬儀会

死亡届

平成　年　月　日届出

長殿

受理	平成　年　月　日	発送	平成　年　月　日
	第　　号		
送付	平成　年　月　日		長印
	第　　号		

書類調査	戸籍記載	記載調査	調査票	附票	住民票	通知

(1)	（よみかた）	
(2)	氏名	氏　名　□男　□女
(3)	生年月日	年　月　日（生まれてから30日以内に死亡したときは生まれた時刻も書いてください）□午前 □午後　時　分
(4)	死亡したとき	平成　年　月　日　□午前 □午後　時　分
(5)	死亡したところ	番地　番　号
(6)	住所（住民登録をしているところ）	番地　番　号／世帯主の氏名
(7)	本籍（外国人のときは国籍だけを書いてください）	番地　番／筆頭者の氏名
(8)(9)	死亡した人の夫または妻	□いる（満　歳）　いない（□未婚　□死別　□離別）
(10)	死亡したときの世帯のおもな仕事と	□1. 農業だけまたは農業とその他の仕事を持っている世帯 □2. 自由業・商工業・サービス業等を個人で経営している世帯 □3. 企業・個人商店等（官公庁は除く）の常用勤労者世帯で勤め先の従業者数が1人から99人までの世帯（日々または1年未満の契約の雇用者は5） □4. 3にあてはまらない常用勤労者世帯及び会社団体の役員の世帯（日々または1年未満の契約の雇用者は5） □5. 1から4にあてはまらないその他の仕事をしている者のいる世帯 □6. 仕事をしている者のいない世帯
(11)	死亡した人の職業・産業	（国勢調査の年…平成　年…の4月1日から翌年3月31日までに死亡したときだけ書いてください）職業　産業
	その他	
	届出人	□1. 同居の親族 □2. 同居していない親族 □3. 同居者 □4. 家主 □5. 地主 □6. 家屋管理人 □7. 土地管理人 □8. 公設所の長 □9. 後見人 □10. 保佐人 □11. 補助人 □12. 任意後見人 住所　番地　番　号 本籍　番地　番　筆頭者の氏名 署名　印　年　月　日生
	事件簿番号	

◎　届出人の印鑑をご持参ください。

連絡先　電話（　）　番　自宅・勤務先・携帯・呼出　方

記入の注意

鉛筆や消えやすいインキで書かないでください。
死亡したことを知った日からかぞえて7日以内に出してください。
死亡者の本籍地でない役場に出すときは、2通出してください（役場が相当と認めたときは、1通で足りることもあります。）。2通の場合でも、死亡診断書は、原本1通と写し1通でさしつかえありません。

→「筆頭者の氏名」には、戸籍のはじめに記載されている人の氏名を書いてください。

→内縁のものはふくまれません。

□には、あてはまるものに☑のようにしるしをつけてください。

→死亡者について書いてください。

届け出られた事項は、人口動態調査（統計法に基づく指定統計第5号、厚生労働省所管）にも用いられます。

→後見人、保佐人、補助人又は任意後見人が届出をする場合は登記事項証明書又は裁判書の謄本の提出が必要です。

死亡診断書（死体検案書）

この死亡診断書（死体検案書）は、我が国の死因統計作成の資料としても用いられます。かい書で、できるだけ詳しく書いてください。

	氏名	1 男　2 女　生年月日　明治 昭和 大正 平成　年　月　日（生まれてから30日以内に死亡したときは生まれた時刻も書いてください）午前・午後　時　分
	死亡したとき	平成　年　月　日　午前・午後　時　分
(12)(13)	死亡したところ及びその種別	死亡したところの種別　1 病院　2 診療所　3 介護老人保健施設　4 助産所　5 老人ホーム　6 自宅　7 その他 死亡したところ　番地　番　号 （死亡したところの種別1〜5）施設の名称
(14)	死亡の原因	I (ア)直接死因／(イ)(ア)の原因／(ウ)(イ)の原因／(エ)(ウ)の原因　発病（発症）又は受傷から死亡までの期間 II 直接には死因に関係しないがI欄の傷病経過に影響を及ぼした傷病名等 手術　1 無　2 有（部位及び主要所見）　手術年月日　平成 昭和　年　月　日 解剖　1 無　2 有（主要所見）
(15)	死因の種類	1 病死及び自然死 外因死　不慮の外因死｛2 交通事故　3 転倒・転落　4 溺水　5 煙、火災及び火焔による傷害　6 窒息　7 中毒　8 その他｝ その他及び不詳の外因死｛9 自殺　10 他殺　11 その他及び不詳の外因｝ 12 不詳の死
(16)	外因死の追加事項	傷害が発生したとき　平成・昭和　年　月　日　午前・午後　時　分　傷害が発生したところ　都道府県　市　区　郡　町村 傷害が発生したところの種別　1 住居　2 工場及び建築現場　3 道路　4 その他（　） 手段及び状況
(17)	生後1年未満で病死した場合の追加事項	出生時体重　グラム　単胎・多胎の別　1 単胎　2 多胎（　子中第　子）　妊娠週数　満　週 妊娠・分娩時における母体の病態又は異状　1 無　2 有　3 不詳　母の生年月日　昭和 平成　年　月　日　前回までの妊娠の結果　出生児　人　死産児　胎（妊娠満22週以後に限る）
(18)	その他特に付言すべきことがら	
(19)	上記のとおり診断（検案）する	診断（検案）年月日　平成　年　月　日 本診断書（検案書）発行年月日　平成　年　月　日 （病院、診療所若しくは介護老人保健施設等の名称及び所在地又は医師の住所）　番地　番　号 （氏名）　医師　印

記入の注意

←生年月日が不詳の場合は、推定年齢をカッコを付して書いてください。
夜の12時は「午前0時」、昼の12時は「午後0時」と書いてください。

←「老人ホーム」は、養護老人ホーム、特別養護老人ホーム、軽費老人ホーム及び有料老人ホームをいいます。

傷病名等は、日本語で書いてください。
I欄では、各傷病について発病の型（例：急性）、病因（例：病原体名）、部位（例：胃噴門部がん）、性状（例：病理組織型）等もできるだけ書いてください。

←妊娠中の死亡の場合は「妊娠満何週」、また、分娩中の死亡の場合は「妊娠満何週の分娩中」と書いてください。
産後42日未満の死亡の場合は「妊娠満何週産後満何日」と書いてください。

←I欄及びII欄に関係した手術について、術式又はその診断名と関連のある所見等を書いてください。紹介状や伝聞等による情報についてもカッコを付して書いてください。

←「2交通事故」は、事故発生からの期間にかかわらず、その事故による死亡が該当します。
「5煙、火災及び火焔による傷害」は、火災による一酸化炭素中毒、窒息等も含まれます。

←「1住居」とは、住宅、庭等をいい、老人ホーム等の居住施設は含まれません。

←傷害がどういう状況で起こったかを具体的に書いてください。

妊娠週数は、最終月経、基礎体温、超音波計測等により推定し、できるだけ正確に書いてください。
母子健康手帳等を参考に書いてください。

社の人が、提出を代行してくれる場合もあります）

2. 死体火（埋）葬許可申請書

お葬式を行うために必ず必要で、亡くなった人の火（埋）葬を役所が許可したことを証明する書面です。

必要となる書類は、死亡届です。

発行された死亡届に届出人が記名押印し、市区町村役場の戸籍係に提出します。届出の際には、印鑑を持って行きましょう。

（葬儀会社の人が、提出を代行してくれる場合もあります）

死体埋・火葬許可申請書　　第　　号

氏　名					
性　別	男・女	生年月日	明治・大正 昭和・平成　年　月　日		
死亡したとき	平成　年　月　日　午前・午後　時　分				
死亡したところ					
住　所					
本　籍	都・道・府・県　郡・市　区・町・村				
死　因	「一類感染症等」　「その他」				
埋火葬場所	斎場・　斎場・　斎場・（　）				
申請者　住　所					
申請者　氏　名					
申請者　死亡者との続柄	□同居の親族　□同居していない親族　□同居者　□家主 □地主　□家屋管理人　□土地管理人　□（　）				
許可年月日	平成　年　月　日				

3. 運転免許証

最寄りの警察署、又は国家公安員会に返却します。

必要となる書類は、
①死亡診断書　　②戸籍謄本写し　　③印鑑
ですが、免許証は有効期限が切れれば無効になるため、形見に取っておくという人も多いのが現状です。

4. 世帯主の変更届

死亡届と一緒に提出します。

自分か子供か誰が世帯主になるか、損得をよく考えて決めなければなりません。

月額25万円以下の年金を支給されている人であれば、世帯は分離して、単独で住民票を作っておいたほうがいいでしょう。世帯の年収が３００万円以下にしておくと、様々なメリットが受けられるからです。

5. 児童扶養手当認定請求書

世帯主の変更届と同時に申請します。必ず本人（母親又は養育者）が窓口で申請しなければなりません。

戸籍謄本・印鑑が必要ですが、その他該当地域により必要書類が異なりますので担当窓口にご確認ください。手続き先は住所地の市区町村役場窓口です。
・申請書類（児童扶養認定請求書・市区町村役場窓口で交付）

様式第１号

児童扶養手当認定請求書

請求年月日 平成　年　月　日　　神　戸　市　長　あて　　関係書類を添えて児童扶養手当の認定を請求します。

市区受付日　年　月　日　送付日　年　月　日 No.

請求者	フリガナ 氏名　㊞　男・女	生年月日 平・昭・大　・　・	住所 神戸市 TEL　　携帯TEL	配偶者の有無　有　無 障害の有無　有　無
	職業	勤務先名　連絡先電話番号 勤務先所在地	公的年金の受給状況 □受けることができる □支給停止　（種類　） （番号・コード　） □受けることができない	児童の父又は母の死亡による遺族補償の受給状況 □受けることができる □支給停止　（種類　） □受けることができない
				支払金融機関 支店名（コード） カナ名義 口座番号

No.	児童の氏名及び生年月日	続柄	同居別居	障害	学校名（福祉施設名）又は勤務先 監護又は養育を始めた年月日	児童にかかる公的年金等の受給状況（注１）	父（母）の氏名及び生年月日	父(母)の状況 （死亡、生死不明、拘禁のときは、その該当年月日）
1	フリガナ 平成		同・別	有・無	平成	□受けることができる □支給停止 種類 番号・コード □受けることができない	フリガナ 平・昭	離婚　死亡　障害　生死不明　遺棄 拘禁　未婚　その他 平成
2	フリガナ 平成		同・別	有・無	平成	□受けることができる □支給停止 種類 番号・コード □受けることができない	フリガナ 平・昭	離婚　死亡　障害　生死不明　遺棄 拘禁　未婚　その他 平成
3	フリガナ 平成		同・別	有・無	平成	□受けることができる □支給停止 種類 番号・コード □受けることができない	フリガナ 平・昭	離婚　死亡　障害　生死不明　遺棄 拘禁　未婚　その他 平成

母(父)が死亡、生死不明又は拘禁の場合		父(母)が障害者であるとき
No.(　)の児童の母(父)の氏名及び生年月日	母(父)の状況及び該当年月日	No.(　)の児童の父(母)の障害の状況
フリガナ 平・昭	死亡　生死不明　拘禁 平成	障害者手帳の番号及び障害等級 公的年金の種類、障害等級、番号・コード

児童扶養手当の受給資格について継続して調査を行うことに同意します。　＿＿＿＿＿＿＿＿　㊞

	年分	氏名	同居別居	扶養親族数A	老人扶養数	特定扶養数	A以外の生計児童	総所得金額
所得	請求者							（うち養育費　）
	配偶者		同・別					
	扶養義務者		同・別					
			同・別					

◎ 職員記入欄

調書〔公的年金　生活状況　未婚及び事実婚解消　第１号　父(母)の就労〕

申立書〔事実婚解消　監護事実　養育事実　現住所　遺棄　世帯分離　その他〕

戸籍　住民票　外国人登録原票記載事項証明書　離婚届受理証明書

預金通帳(写)　所得証明書〔本人　扶養義務者〕　養育費申告書

証明書〔父(母)の拘禁　父(母)の生死不明〕　承諾書〔年金照会　手当相殺〕

診断書　X線フィルム　身体障害者手帳(写)　障害年金証書(写)

（※注１）児童の父または母の死亡により受けることができる公的年金・遺族補償の受給状況、又は児童が加算の対象となっている父(母)の公的年金の受給状況

□区システム入力　　□審査入力

6．シルバーパス、住民基本カード、マイナンバーカード、身体障害者手帳、愛の手帳など

すみやかに、役所に返却して終了です。

有効期限が切れれば使えなくなりますので、特に特別な手続きは必要ありません。

市役所に死亡届は出していますので、特に何か書類を持って行く必要はありません。

※亡くなった人のマイナンバーの取扱いについて

マイナンバー法施行令（行政手続における特定の個人を識別するための番号の利用等に関する法律施行令）では、第14条4号に、個人番号カードが失効する場合の規定があります。個人番号カードの交付を受けている者が死亡したときは、当然に失効しますが、法律では死亡時の個人番号カードの取扱いは定まっていません。

各市区町村の窓口では、悪用防止のため返納してもらうようお願いしているようです。

7．復氏届

婚姻によって氏を変更した方が、相手と死別した後、婚姻前の氏に戻るときにする届出です。旧姓に戻って、生活をスタートさせたい場合に行います。

また、相続の手続きなどで、親族間で問題が起きた時、相手方の親族との姻族関係を終了させるには、別途「姻族関係終了届」が必要です。

必要となるものは、印鑑と戸籍謄本（本籍地と異なる地域で申請した場合）です

その他身分を証する書面（免許証・健康保険証等）が必要となる場合があるので担当窓口にご確認ください。

申請期限は特にありません。届出をした日から法律上の効力が発生します。

復　氏　届

平成　　年　　月　　日 届出

長 殿

受理 平成　年　月　日 第　号			発送 平成　年　月　日			
送付 平成　年　月　日 第　号			長 印			
書類調査	戸籍記載	記載調査	附　票	住 民 票	通　知	

(よみかた) 復氏する人の氏名	氏　名	年　月　日生	
住所 (住民登録をしているところ)	番地 番　号 (よみかた) 世帯主の氏名		
本籍	番地 番 筆頭者の氏名		
(よみかた) 復する氏 父母の氏名 父母との続き柄	氏	父 母	続き柄 □男 □女
復氏した後の本籍	□もとの戸籍にもどる □新しい戸籍をつくる 番地 番 筆頭者の氏名		
死亡した配偶者	氏名	年　月　日死亡	
その他			
届出人 署名押印	印		

連絡先	電話（　　　）　番 自宅・勤務先・呼出　方

第1章 第2章 第3章 第4章

手続き先は、届出人の本籍地又は住所地の市区町村役場になります。

申請書類は、復氏届書（担当窓口にて交付）です。

8. 国民健康保険証と埋葬費・埋葬料の請求

国民健康保険証は、市区町村役場に返還します。

期限は2週間以内となっています。

返すのと同時に、埋葬費の請求を行います。

埋葬費の金額は、市区町村によって若干違いますが、おおむね5万円程度です。

また、健康保険料を納めすぎていた場合は、過誤納還付の請求を行います。

役所に、振込先を記入する書類がありますので、念のため申請しておきましょう。

還付金がある場合は、後日振り込んでもらえます。

同じ世帯で医療と介護の両方を利用した場合に、年単位で、さらに自己負担の軽減を図る制度である「高額医療・高額介護合算療養費制度」も、平成20年4月から導入されました。

市区町村役場に死亡届を出すと、国民健康保険や介護保険の手続きについて案内がありますが、健康保険料や介護保険料の精算とともに、高額療養費・高額介護費の精算の手続きをすることになります。

健康保険と介護保険は制度自体が別で運営主体も異なっているため最終の精算まで半年から1年ほどを必要とすることがあります。

市役所の職員が、還付請求したほうがいいかどうかを教えてくれることもあります。

高額療養費は、生前は登録しておけば本人の口座に振り込んでもらえますが、亡くなって銀行口座が凍結されると振込がされませんので、注意が必要です。

事例37

役所ですべて済ませました〜年金・保険〜

子供のいない高齢者夫婦や、配偶者に先立たれた1人暮らしの高齢者の場合、年金や保険に関する相続時の手続きは、市区町村の役所の窓口で相談されて処理されるケースがほとんどです。

先日、私共のセンターに相談にみえたA子さんは、

「年金、保険については区役所の窓口で相談してすべて済ませましたので……。故人が残した遺言書にもとづいて家の登記関係と故人の使用していた乗用車の名義変更をお願いします」

とのことでした。

A子さんは60歳で、マンション経営をするBさんと10年近く夫婦同然に同居をしていましたが、籍は入れていませんでした。

Bさんが先月亡くなられたので、手続きのことで相談にみえたのです。

Bさんの長男の代わりにA子さんが区役所に行って、国民健康保険証を返却し、葬祭料などの受給手続きをされました。

しかし、Bさんの未支給年金について区役所は、「長男は同居されていませんので、受給資格がありません」との回答でした。

結論から先に述べると、この区役所の回答は、現況（A子さんが10年近くBさんと夫婦同然の同居をしていた事実）を正しく把握したうえでの回答ではありません。

A子さんには、未支給年金の受給資格があります。

たとえ籍には入っていなくても、配偶者と同等の状況にあり、生計を同一に営んでいれば、『未入籍の妻』として認められます。

このケースは、区役所の窓口でA子さんが自らの現況を説明しなかったために、職員は親族関係だけを聞き取り、そこから判断して「受給資格者に該当する方はありません」と答えたのでしょう。

これが遺族年金の受給資格がある方の場合ですと、「私は該当しないのだろうか？」という意識が働くので、今回のように見過ごされるケースは稀です。

未支給年金は、厚生年金も国民年金も後払い制度のために生じるケースです。

例えば2～3月分の年金が4月に支給されるように、受給

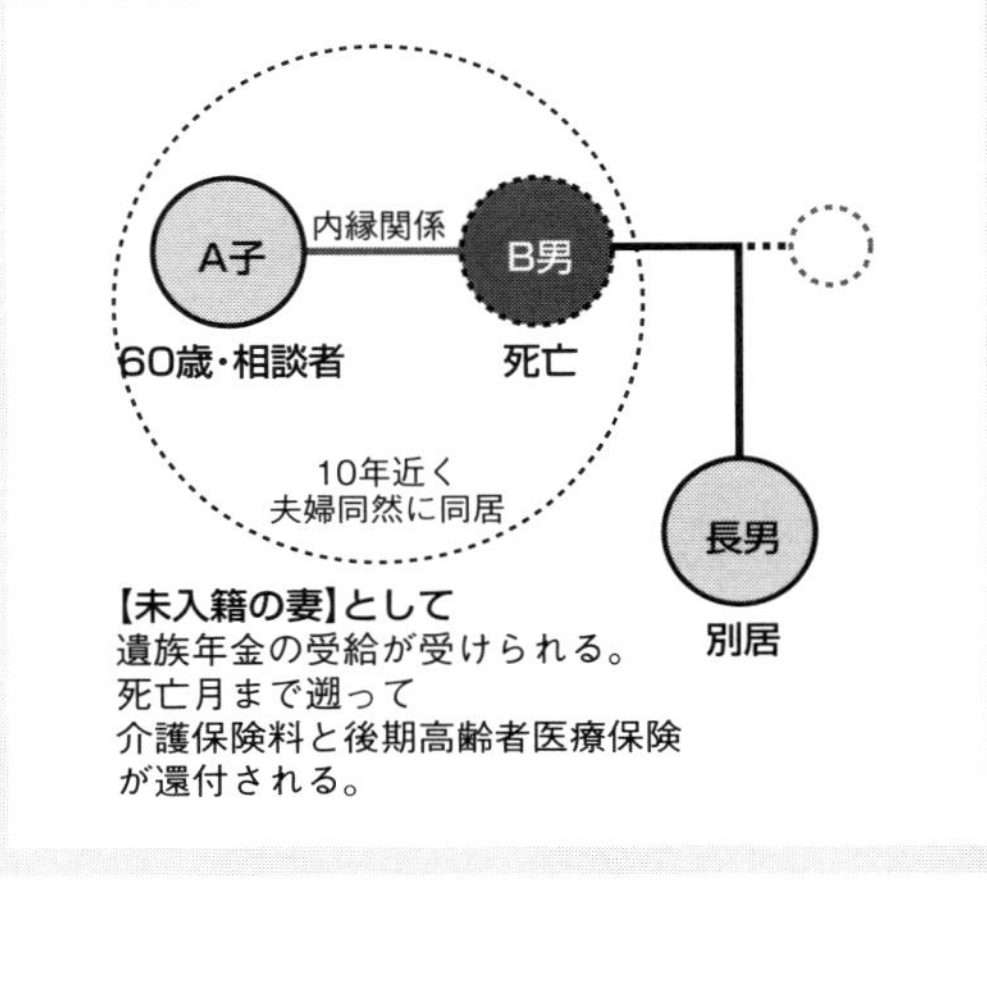
A子
内縁関係
B男
60歳・相談者
死亡
10年近く
夫婦同然に同居
長男
別居
【未入籍の妻】として
遺族年金の受給が受けられる。
死亡月まで遡って
介護保険料と後期高齢者医療保険
が還付される。

の権利が発生する時点と実際に支給される時点が異なることによります。

これとは逆に、年金受給者の場合、先払い制度のために還付されるのが、介護保険や後期高齢者医療保険の保険料です。

支払われる年金から当月分と翌月分が徴収されますので、年金支給月に亡くなられた方は手続きをすれば先払い分の還付が受けられます。

もうひとつ、公的医療保険制度は、１ヵ月に一定額以上医療費を支払った場合、超過分が還付されますがこの場合も見落としがちです。

生前は役所より通知が来ますが、相続発生時には健康保険証も返還していますし、医療機関からのレセプト請求は3～4ヵ月遅れて届くので、漏れるケースが多々あります。

役所の窓口ですべて相談したといっても、病気だったのか、事故だったのかというように職員が詳しく死亡原因などを聞き取って回答してくれるわけではないので、このような手続き漏れが発生するのです。

ところが、一般の方は役所で保険や年金についてすべて相談したつもりでいるので、「手続きはすべて終わっています」となってしまうのです。

ここに誤解というか、手続き漏れが発生しますので気をつけてください。

勤務先（在職中の場合）に対しての手続き

前項1～8までは、いわゆる国民としての手続きであったのに対して、その故人が所属していた会社などの組織に対して行う手続きがあります。

9. 死亡退職届
10. 身分証明書
11. 社員証
12. 死亡退職金
13. 組合からの弔慰金
14. 最終給与と賞与
15. 健康保険証

基本的には、勤務先の会社が主導してやってくれるので、それに従うことがほとんどです。

遺族の側からは、机の中の私物を取りに行くこと以外に、積極的にすることは、あまりありません。

様々な書類に押印を求められますが、いったい何の書類で、どのように使われるのかを理解するまで、きちんと説明してもらいましょう。

会社の団体で入っている生命保険や、社員持株会の株買い取り請求などは、遺族の方がほとんど知らなかったようなものもあります。

死亡退職金には、相続税申告の際に、１人５００万円の控除があります。

死亡退職金が、遺産となり、相続人全員の印鑑が必要なものかどうかは、就業規則によります。

死亡退職金の支払規定が、民法の相続人の範囲と違う支払順位だと、相続財産にはなりません。

逆に、法定相続と同じ順位だと、相続財産となります。

就業規則を確認してみる必要がありますが、多くの場合は、法定相続とは違う順番での支払いになっています。

事例38

退職金の中身

篠原さんはある上場企業に勤めていましたが、重い病にかかり闘病生活の末、亡くなりました。

相続人は奥さんと20代前半の娘さんでした。

奥さんは初めての相続で、何をしたらよいかわからないこと、これからの将来のこと、相続税のことで、とても悩まれていました。

最初は税務署に行きましたが、話を聞いても難しくあまり親身に教えてもらえませんでした。その後、葬儀社からのご紹介で、無料相談に来ていただきました。

無料相談の中で奥さんは、「１０００万円の土地と退職金が多額にあるので、相続税がいくらかかるか心配」だとおっしゃっていました。

奥さんの話を聞くと篠原さんが勤めていた会社から退職金が５０００万円支給されました。

正式に相続手続きを受託し、調べていく中で退職金５０００万円のうち２４００万円が保険金、２３００万円が退職金、３００万円が弔慰金であることがわかりました。

ただし、生命保険と退職金は、それぞれ１０００万円が非課税（法定相続人数×５００万円）で、弔慰金の３００万円も非課税（給与の半年分）なので、実際は５０００万円全額ではなく、２７００万円だけが税金のかかる財産となります。

退職金が支給される場合、どのような内容かを確認することは非常に大切です。

課税される財産が、合計で３７００万円で、相続税の基礎控除の額が４２００万円ですので、篠原さんは、相続税の申告をしなくてもいいことがわかり、安心されました。

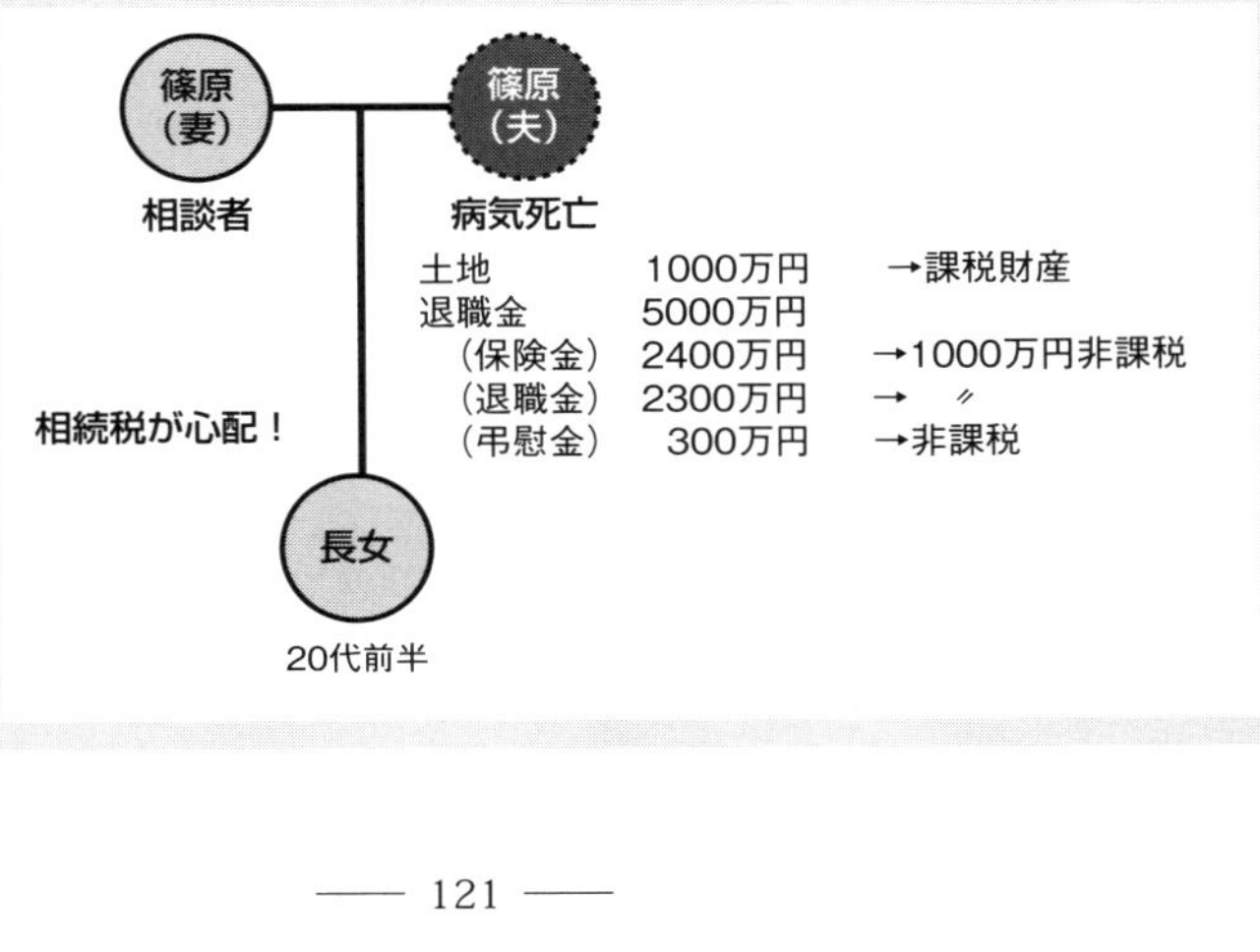

役員の場合、会社に対しての手続き

会社の役員が亡くなった場合は、少し特殊な手続きが必要となります。

しかし、前項と同様、会社の総務部などが主導して、手続きを行うことが多いです。

役員の遺族が押印する書類は、経営にかかわるものが多いですので、内容や中身は、きちんと理解したうえで、押印してください。

16．会社役員変更登記

死亡してから2週間以内に、役員変更登記を行わなければなりません。

もし、しなかった場合は、１００万円以下の過料（会社法９７６条1項1号）に処せられる可能性がありますので、できるだけ期限内に登記するように気をつけましょう。

しかし、期限を過ぎた後でも、登記の申請は受理されます。

登記を期限内にしなかったとして、会社の代表者に対して過料が科される可能性はありますが、実際は、半年から1年ぐらいの相当長い期間を過ぎないと、登記官は裁判所に通知しないようです。

あまり神経質にならなくても良いと思いますが、できるだけ早めに行いましょう。

17. 役員借入金の債務者変更

会社の代表者が亡くなった場合は、会社の借金の債務者を新しく誰にするかを、新しい会社の代表者は銀行等と交渉しなければなりません。

会社への貸付金があれば、ほとんど返ってこないにもかかわらず債権として相続財産になるので、要注意です。

生前に、会社と役員の金銭的な貸し借りを処理しておかなければ、相続のときにつけが回ってくることになります。

もらう手続き

18. 遺族基礎年金・寡婦年金・死亡一時金・遺族共済年金・未支給年金

自分の年金と、遺族年金と、どちらが多く支給されるか、年金事務所で確認して申請します。専門家に依頼するのであれば、社会保険労務士に依頼します。

夫は、妻が亡くなっても、基本的には遺族年金はもらえないケースがほとんどです。（夫の所得のほうが高い場合）

未支給年金の申請も行う必要があります。偶数月に、前２ヵ月分の年金がもらえるためです。

例えば、５月に死亡すると、６月の中旬に４月、５月分が支給されます。毎月１日に生存していると、その月の年金は支給されます。

年金振込口座が、凍結されていると、年金が振り込まれないため、別の振込口座の申請が必要となります。

未支給年金は、相続財産ではないため、もらえる人が限定されています。生計を同じくしていた人など、もらえる人の要件は限定されています。

また、年金の手続きをしないままで放置しておくと、年金は振り込まれ続けます。

ただし、後日返還の手続きをしなければなりません。

近年話題となった、死後何年も経った人の親族に、年金が振り込まれていた詐欺事件がありましたが、死亡したという連絡が年金事務所に入るまで、年金は支払い続けられるので、早めの手続きが必要です。

遺族年金も相続財産ではないため、一緒に生活していた愛人がもらえる場合もあります。

事実婚していた愛人に、遺族年金が支払われたという最高裁の判例もあります。

明確な基準というものはないのですが、戸籍上の妻がいる場合には、愛人と生活していても簡単には認められません。

一般的には10年間くらいの同居要件と、住民票が同一という形式上の要件は最低必要です。あとは実態を、年金事務所がどう判断するかによります。

例えば、戸籍上の妻との間に子供があり、仕送りなどをしているときは、かなり難しいケースになります。

先に述べた判例の事案でも、22年間一緒に生活していたという年数がやはり決め手になっています。

事例39　厚生年金受給権を持つ女性が死亡、内縁の夫は遺族年金をもらえる？

会社の先輩（女性）が60歳を前になくなりました。

35年前の離婚以来、ある男性と亡くなる前まで内縁関係で、亡くなる2年前からはマンションの隣室同士で住んでおりました。

葬儀はその男性が喪主となって行いました。

死亡した先輩女性は離婚歴2回、子供が3人いますが、扶養関係はありません。

内縁の男性も55歳で生涯にわたり、年収750万円を超えることができそうにありません。

遺族年金を受給できる人は誰になるのでしょうか？　というご相談でした。

結論としては、内縁関係と生計維持関係が認められ、男性が受給できました。

遺族厚生年金を受けることができる遺族とは、配偶者（事実婚関係を含む）、子、父母、又は祖父母であって、死亡当時生計を維持していた者とされています。

ただし、配偶者、父母、祖父母の場合は死亡当時55歳以上の方に限られ、遺族年金は60歳から支給されることになっています。

また、遺族年金を受給できる順位は、配偶者（事実婚関係を含む）、子、父母、祖父母の順になっていますので、男性が女性との事実婚関係が認められれば、年齢が55歳以上ですので、もし女性が子供３人（18歳未満の場合）のいずれかの生計を維持していたとしても、男性が遺族年金を受給できます。

年金の場合の事実婚関係にある者とは、次のような場合を言います。

①当事者間に、社会通念上、夫婦の共同生活と認められる事実関係を成立させようとする合意があること

②当事者間に、社会通念上、夫婦の共同生活と認められる事実関係が存在すること

「社会通念上」とは、届出をすればいつでも夫婦になれる状態を言います。

重婚的内縁関係については、戸籍上の配偶者との婚姻関係が、その実態を全く失ったものとなっている限り認められるものとされています。

また、生計維持関係とは次のとおりとなっています。

①被保険者又は被保険者であった者の死亡当時生計を同じくしていた者

②850万円以上の年収を将来にわたって有すると認められる
　者以外の者

右記の事実婚関係と生計維持関係が認められれば、男性は遺族年金を受給できるのですが、亡くなられた女性と男性は、女性の死亡当時マンションの隣同士で住んでいて、一緒に住んでいなかったことになります。

したがって、一緒に住んでいなかった理由や「夫婦の共同生活」と認められる事実関係と「生計を同じくしていた」と認められることを証明して、亡くなられた女性との事実婚関係と生計維持関係が認められ、男性は遺族年金を受給することができました。

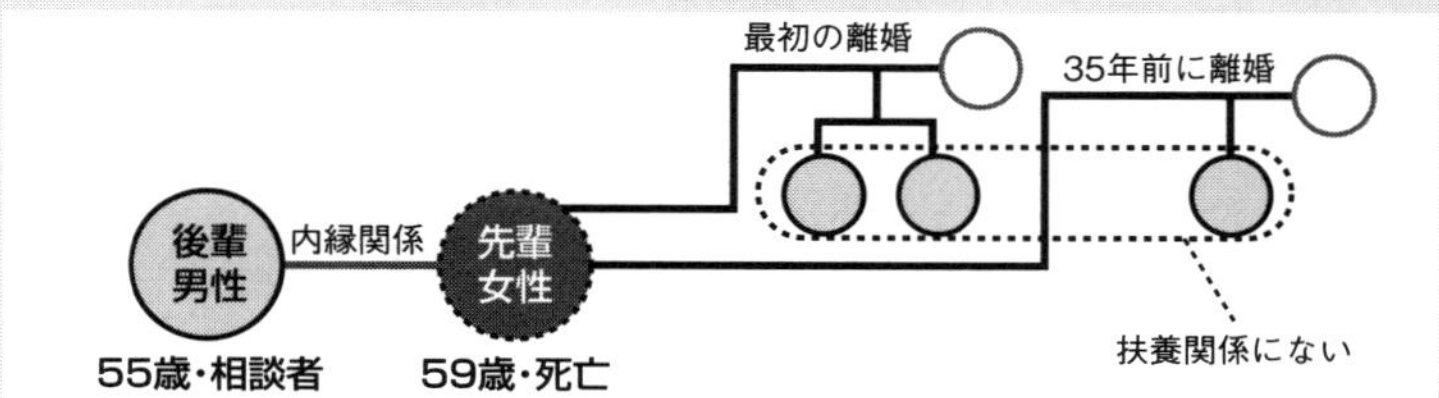

遺族年金の受給は可能か？

【事実婚関係の認定】
・夫婦としての共同生活（社会通念上）

【生計維持関係の認定】
・死亡当時生計を同じくしていた
・年収850万円を将来にわたって見込めない

【遺族とは】
死亡当時、生計を維持した者
受給順位1・配偶者（事実婚関係含む）
受給順位2・子
受給順位3・父母
受給順位4・祖父母
子以外は、死亡当時に55歳以上の場合に
遺族年金は60歳から支給される

19．生命保険

生命保険金は、原則振込による方法で受け取ります。

トラブルや誤払いの防止と二重払いのリスクを避けるためです。

窓口に行っても、現金で受け取ることは、ほとんどできません。


保険証券を紛失したときでも、保険契約が有効に存在していることがわかれば請求することができます。

保険金の請求には、原則保険証券は必要ないからです。

保険に入っているかどうかわからないときは、加入していると思われる保険会社に照会をします。「相続人であること」を示す必要がありますので、戸籍謄本などが必要となります。

死亡保険金の受取人が先に亡くなっていた場合、その相続人全員が保険金受取人となります。（保険法46条）

誰がどれだけ受け取るかは、各相続人の話し合いになります。

相続税法上はみなし相続財産として取り扱うことになります。

夫が亡くなった際に、妻が受取人である場合、妻が認知症になっている場合があります。

多くの場合は、受取人の推定法定相続人が代理人として請求します。

相続放棄した場合でも、死亡保険金は民法上の相続財産にあたらないため受け取れます。

保険金を3年間請求しないと、時効によって請求できなくなります（保険法95条）

自殺や殺人や戦争その他の変乱によって亡くなった時には、保険金の支払制限がある場合があります。（保

険法51条）

相続人がいない場合は、家庭裁判所で相続財産管理人を選任し、保険金を請求したのち、相続財産として請求管理します。

また、リビングニーズ特約がついている保険で、生前に保険金を受け取った場合ですが、所得税や相続税などは、かかってきません。非課税です。

死亡保険金の請求については下記のようになります。

契約者・被保険者・受取人のどれかに当てはまると、請求・変更・解約など何かしらの手続きが必要です。

誰がお金を払っていたか、受取人が誰になっているかによって、かかってくる税金が違います。

受取人が死亡したまま、変更されていない場

契約形態により異なる税の種類

	契約形態			保険事故	税負担者	対象となる税
	契約者	被保険者	受取人			
1	夫	夫	夫	満　期	夫	所得税（一時所得）
				死　亡	夫の遺族	相続税
2	夫	妻(子)	夫	満　期	夫	所得税（一時所得）
				死　亡	夫	所得税（一時所得）
3	夫	夫	妻(子)	満　期	妻（子）	贈与税
				死　亡	妻（子）	相続税
4	夫	妻(子)	妻(子)	満　期	妻（子）	贈与税
				死　亡	妻(子)の遺族	所得税・贈与税
5	夫	妻	子	満　期	子	贈与税
				死　亡	子	贈与税

この場合、夫と妻を置き換えても同じ税の対象となる。

※1 および2の形態（契約者＝受取人）が満期の場合は税法上、有利。
※2の場合には死亡保険金受取人を相続人中のだれかに指定すると良い。そうすると、3の死亡の場合と同様になる。

合は、意外と多いです。

その場合は、相続財産になりますので、遺産分割協議が必要となってきます。

事例40 受取人は誰？

Ａさんが相談に来たときのことです。

「３ヵ月前に母が亡くなったのですが、遺産を整理していたら、この証券が出てきまして……」

Ａさんが持ってきたのは、Ａさんが受取人に指定されている生命保険の証券でした。

話を聞いてみると、Ａさん以外に相続人である兄弟が２人いて、生命保険金は誰が受け取ればいいのか困っているとのことでした。

その理由として兄弟の１人に、

「生命保険金も母がお金を出していたのだから相続財産だ。相続人の話し合いで受取人を決める必要がある」

と言われたとのことです。

生命保険金の受け取りの問題で、一番重要になるのは、受取人が誰になっているかということです。

保険契約上は、受取人となっている人からしか保険金の請求ができず、保険金は相続財産にもならず、受取人固有の財産となるので、遺産分割協議の対象ではありません。

受取人が仮に相続放棄をしても、保険金の請求はできます。

今回の事例では、Aさん以外の相続人がいくら保険金を請求しても、受取人になることができません。

生命保険金については、民法上の相続財産ではありませんが、相続税の申告の際には、みなし相続財産となることもありますので、注意が必要です。

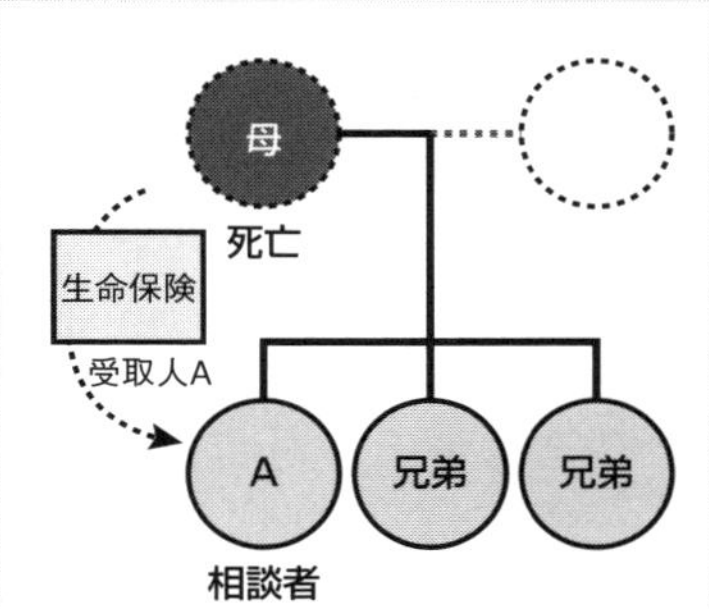

保険金は相続財産ではなく、受取人固有の財産

事例41　保険金受取人の変更は生前が無難

片倉さんは、「相続税が増税されたという報道」や「相続争いで親族が仲たがいする」という話を聞き、生前対策のため何かしなくては、と考えていました。

片倉さんには配偶者も子供もおらず、姪に財産を渡すことを考えていましたので、公正証書遺言を作成しておくのが一番、ということになりました。

財産内容の確認をしていたところ、生命保険の話になりました。生命保険契約書を見たところ、いくつかの契約について相談者の姉が受取人になっているものがありました。

万が一、片倉さんより姉が早く亡くなってしまった場合には、受取人が未定ということになり、遺産分割協議をしなければならなくなります。片倉さんは受取人を姉から姪に変えたいということで、遺言書での指定を検討したいと考えました。

遺言による保険金受取人の変更は、平成20年6月の保険法改正で可能となっています。

しかし、遺言で受取人を変更できるのは施行日以降に締結された契約にしか適用されないとのこと。残念ながら、問題の保険契約は施行前の契約でした。

さらに調べていくうちに、改正後の契約であっても遺言に明示的に変更する内容を記載しないと実務上、受取人の変更を受け付けてくれないこともあり、訴訟問題になったこともあるとのことでした。

そこで、片倉さんが、元気な今のうちに契約者の意思で、保険会社を通して受取人を変更する手続きを取ることになりました。

後日遺言書も完成し、片倉さんもひとまず安心することができました。

事例42 死亡保険金の請求

金子さんのご主人が亡くなりました。

遺産は、通帳1冊と生命保険です。

2年前、施設に入所する際に複数あった金融機関を1つにまとめていました。

まとめる際に金子さんに関する公共料金や県民共済の引き落としは奥様に変えていました。

よって、ご主人の通帳の動きとしては、収入は2ヵ月に1度の年金で、支出は1ヵ月に1度の施設使用料です。

もともと蓄えはあまりなかったのですが、亡くなった時点での残高は数万円でしたので、金融機関の窓口でも、長男の印鑑証明書だけで手続きができました。

同じ感覚で、県民共済へ連絡をしました。

証券を見ると、契約者はご主人、被契約者もご主人、受取人は奥様になっていました。

金子さんは老衰だったので（通院も入院もなかった）保険金額は死亡保険金50万円のみとのことでした。

受取人は奥様でしたが、奥様は軽い認知症のために一時施設に入居していました。奥様のかわりに長男が県民共済へ連絡をしました。

「母親と同居していますが、軽い認知症のために今は一時施設に入っています。受取人は母親だと思いますが、今は申請ができないので母親にかわって請求させてもらいたい」

と伝えると、拒否されました。

「母親のかわりに申請をし、母親の口座に振り込みをお願いしたいのだが、それも無理なのですか」

と聞いてもだめでした。

「では、どうすれば保険金を受け取ることができるのですか」と問い合わせをしたところ、【成年後見人】を家庭裁判所に申請し、選任されたら、後見人から申請をするように言われたとのこと。

金融機関は簡単に解約してくれたにも関わらず、この保険金の請求のためだけに成年後見人を立てなくてはならないのかと、がっかりした様子の長男。

それでも葬儀費用や、法事、お墓のために立て替えているものが多いので、仕方なく家庭裁判所へ成年後見人の申立をし、2ヵ月後にようやく県民共済へ申請をし、先日振り込みがありました。

指定代理人制度がない保険の場合、受取人以外からは全く請求ができないので、請求する場合に、とても手のかかる保険になってしまいます。

20. 簡易保険

「かんぽ生命」の生命保険で、死亡保険金の受け取りの手続きが必要です。

この保険に、特約としてつけている入院保険金は、請求漏れが多いです。

特約の保険料の一括払いをしている場合は、特約還付金の請求漏れも同時に請求しなければなりません。

これは医療保険を一括払いでしている場合で、使わなかった分が戻ってくるというものです。

この手続きも忘れやすいのです。


請求する際に必要な死亡診断書の写しですが、無料で手に入れる方法があります。

平成19年9月30日の民営化前までに加入した簡易保険の死亡保険金を請求する場合に限って、死亡診断書の写しを市区町村の役所に請求することができます。

民間の保険の請求の場合や、民営化後のかんぽ生命の保険金請求の場合には、交付してくれません。「死亡届の記載事項証明書」と呼ばれます。

死亡診断書は、2～3週間経てば、法務局に移管されますので、一定期間経った後は、法務局に請求することになります。

本来、戸籍を管轄しているのは法務局であり、市区町村の役場では、市民の利便性を考えて市民課で交付の代行をしているだけです。

100万円以下の保険金の請求の際には、死亡診断書の写しを省略して、死亡の記載がある戸籍のみで請求できる場合があります。

事例43

以前は「ない」と言われたのに、実はあった簡易保険

東さんがお亡くなりになり、相続人から手続きの依頼がありました。

東さんのお父様の相続手続きも5年前に弊社でお手伝いをしておりました。

東さんの手続きを行いながらお父様の資料に再度目を通していました。

以前、お父様の簡易保険をかんぽ生命に照会したところ、「該当なし」と回答をいただいておりました。

保険証書の原本はなく、確認できるのはコピーのみでした。

何か引っかかることがあって、再度かんぽ生命に証券番号を伝えて照会を依頼したところ、なんと今回はその保険が有効であると確認されました。

なぜ5年前の照会のときに見つけることができなかったのか、かんぽ生命の担当者に聞くと、「かんぽ生命の登録で被保険者の誕生日が登録間違いでヒットしなかった」とのことでした。

この保険は30年ほど前に加入されていたもので、死亡保険金が１００万円のものでした。

以前の書類に目を通していなければ気が付くこともなく、手続きを終わらせていました。

保険の場合は、「ない」と言われても鵜呑みにせず、いつ支払われたのか、解約されたのか、日付を確認することが大切です。

事例44 かんぽの特約還付金が、一部の相続人からだけで請求できた

通常、特約還付金は相続財産になりますので、相続人全員からの請求でないとできません。

しかし、かんぽ生命の場合、合意のとれた一部の相続人で代表者を選定し請求すると、支払いがなされます。

かんぽ生命から合意のとれない相続人に対し、

①請求書の提出がされたこと

②法定相続分の払い出しをしますがよろしいでしょうか

との通知を送ってくれます。

2週間以内に、同意の意思表示があれば、すみやかに代表者へ振り込みをしてもらえます。

万一、合意がとれない相続人がいる場合には、その人には法定相続分に応じた金券が届いて、手続きは終了します。期間は、3～4週間でできます。

相続人全員の合意が得られなくても、かんぽ生命が代理して手続きを進めてくれますので、非常にありがたいです。

21. 生命保険付住宅ローン

住宅ローンには、団体信用生命保険がついていることがほとんどです。

ローンを組んでいる人が死亡した場合には、保険金が支払われて、借金がなくなります。

住宅ローンは、銀行が窓口になって組んでいる場合が多いので、保険金の支払い請求も、銀行の窓口を通じて行うことになります。

本来は、銀行は受付代理店だけなので、少しおかしいですが、銀行の預金の手続きも一緒にしてほしいと言われることがほとんどです。

保証人を付ける代わりに払っていた保証料の還付もあるので、確認が必要です。

また、保険金の請求があるまでに、住宅ローンが引き落とされていたら、その金額も戻ってきているかどうかを確認する必要あります。

ローンが完済されますので、不動産についている抵当権の抹消手続きも同時に必要です。

住宅ローンについている団体信用生命保険は、入院保険などはついていませんので、死亡診断書はいりませんが、死亡の記載のある戸籍謄本や住民票は必要です。

しかし、この保険が出ない場合もあります。自殺した場合などです。

以前、住宅を購入してあと３日で満２年という時に自殺した人は、購入時にかけていた団体信用生命保険が下りませんでした。

免責期間が満２年だったためです。奥さんと子供は、住宅ローンを払えずに、自宅を売却してもまだ借金が残りました。

受け取った保険金は、税金がかかる対象の財産とはなりません。逆に、借金としても計上できません。

事例45

戻ってきた住宅ローン ～2種類の手続き～

Ｂさんは、４ヵ月前にご主人が急死され、とりあえず年金関係の手続きは夫の勤務先でしていただいたそうです。

現在お住まいのマンションは住宅ローンを組んでおり、２人のお子さんともまだ小学生のため、今後も住宅ローンの返済を続けていくのは厳しいとの判断から、Ｂさんはマンションの売却を考えました。

そして、まずは相続によるマンションの名義変更の手続きの相談にみえました。

私共の担当者は、Ｂさんのお話を伺うやいなや、次のように尋ねました。

「ちょっと待ってください。住宅ローンには、借り主の団体信用生命保険が付いているはずです。確かめられましたか？」

団体信用生命保険は、ローンの借り入れ契約時に原則として同時に契約する保険です。

ローンの借り主が死亡された場合、残っているローン債務額は、団体信用生命保険金で支払われるので、以降のローン支払いは必要なくなるのです。

マイホーム購入の際にはご夫婦でいろいろ相談されるのですが、ローンの契約内容や保険の効果などはご存知なかったのです。

問題はこれだけではありません。生命保険の受け取りは契約者の死亡と同時に権利が発生します。

つまりＢさんは、ご主人が亡くなられて４ヵ月後に相談に来られたので、それまでの４ヵ月分のローンとボーナス返済分、併せて約80万円は払わなくてよかったローンなのです。

亡くなられてから手続きをするまでにローン返済で引き落とされた合計金額は、返還手続きをすれば戻ってきますが、それについては問い合わせなければ教えてもらえない場合が多いようです。

また、このようなケースは金融機関によって取り扱いが異なりますので注意してください。

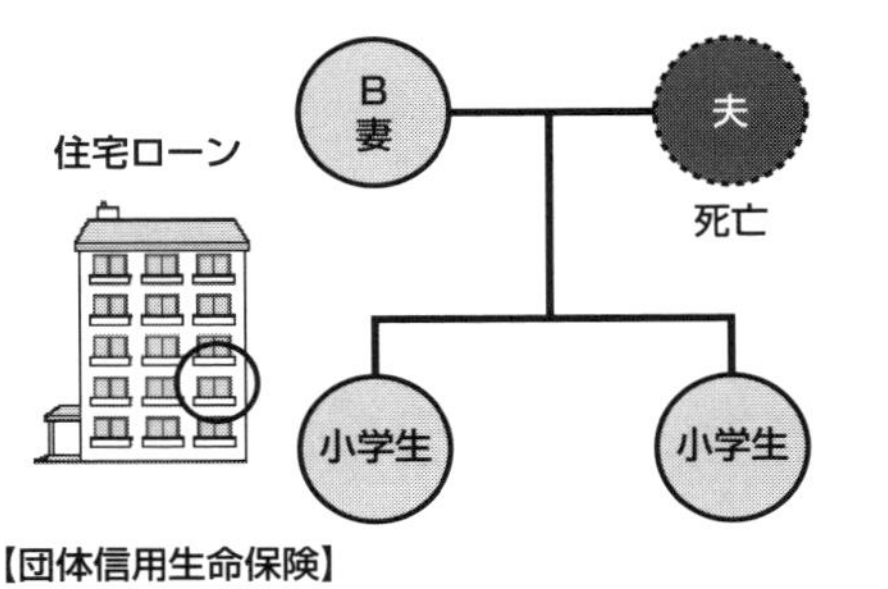

【団体信用生命保険】
ローンの借り主が死亡された場合、残っているローン債務額は団体信用生命保険金で支払われるので、以降のローン支払いは必要なくなる

やめる手続き

この項は、全般的に早くやったほうがいい手続きです。

会費などが自動的に引き落とされてしまいます。

22. クレジットカード

早めにカード会社に連絡して、残債があるかどうかを確認してください。

同時に、カードに自動付帯している保険を確認して、適用があるかどうか確認します。

死亡したら、借金免除になる場合もありますので、注意してください。

カードの裏面や請求書を見て、電話をすれば、解約届を送ってきてくれますので、その用紙に記入してカードをはさみで切って、返送して解約手続きは終わりです。

また、クレジットカードは、高速道路を使うときに利用するＥＴＣカードと連動しているので、解約したときには注意が必要です。それを忘れて高速道路を走ろうとすると、料金所のバーに追突してしまう危険性があります。

クレジットカード・キャッシュカード・各種会員カード等、カードの所有者も、１人当たりのカード所有枚数も増加の一途をたどっています。

この増加を促進している要因のひとつが、ポイント制やマイレージなどの各種制度・特典ですが、自分の所有するカードの内容を熟知されている方は、皆無と言ってもいいでしょう。

事例46

財産が消えた・増えた!?～カードの特典・会員の義務～

Cさんは昨年、愛息のDさんを交通事故で亡くされ、銀行の紹介で私共のセンターに相談にみえました。

Dさんは大学卒業後、ＩＴの会社を起業されて、社員も10人近くになり、順調に行き始めたばかりというときに事故に遭われ、まさに「お気の毒」としか言いようがありませんでした。

ご自宅を訪問すると、仏壇に故人の名刺入れと財布がありました。

相談の内容は「会社をどうしたら良いか？　会社でかけていた生命保険の取り扱いは？」ということでした。

お話を伺っているうちにどうしても名刺入れと財布が気になって、ご両親にお願いして、中のカードを見せていただきました。

Dさんのケースは仕事中の自動車事故です。調べてみると、会員特典として、シートベルト保険（交通傷害保険）が自動で付帯されているものがありました。

それもゴールドカードなので死亡保険金は３０００万円です。

しかし、会員特典なので保険証券は手元にありませんし、保険料を支払うわけではないので、多分、カード所有者本人も保険に加入している自覚はないのです。カード入会時に送られてくる規約や会則・約款を読み込まないとわかりません。（こんな特典で一番よく知られているのが海外旅行傷害保険です）

Ｃさんの保険金請求手続きは、弁護士を紹介して、その弁護士に取っていただきました。それから４ヵ月ほど経って、Ｃさんからお礼のお手紙をいただきました。

カードの約款は、一度改めて読んでみてください。

通称バンクカードと呼ばれる銀行系のカードには、キャッシング機能が付いていますが、亡くなったときの借入金が免責になる特典もついています。

金額はカード会社によって異なりますが、手続きさえすれば借入金を返済しなくてよくなります。

また、ショッピングに使うクレジットカードも前月の利用代金が免責される場合があります。

カード会社のホームページで、該当項目を確認することができますので、一度、自分の所有するカードの特典をチェックしてみてください。

23．電子マネー

電子マネーも、種類が増えてきました。

Ｓｕｉｃａ、ＩＣＯＣＡ、ＴＯＩＣＡ、ＷＡＯＮ、ＱＵＩＣＰａｙ、Ｔポイント、はてなポイント、アメゴールド、楽天Ｅｄｙ、楽天スーパーポイント、ヨドバシゴールドポイント、ビックポイントなどが代表です。

ネット上の電子マネーは、現在のところ相続の対象と見られることはほとんどありません。そもそも、相続に関する規約すら作っていない場合もあります。

電子マネーには様々な形がありますが、現在のところ、相続の手続きの機会はあまりないようです。利用規約で、死亡したらその時点で権利を失うという、購入者のみに限定されている場合もあります。金額が少額なことと手続きが複雑そうだという理由で、遺族が問い合せをしないケースが多いです。たとえるとすれば、財布の中の小銭といったところでしょうか。

また、限られたところでしか使えないことや、電子マネーを提供している会社が個人を特定できなく、亡くなったことも把握できないことも原因かもしれません。

Suica、ICOCAなどのように、10年間利用がなければ失効するカードもあります。

全般的にプリペイドのカードのお金は、現金化できません。

しかし、例外もあります。

マイレージのポイントは相続財産になりますので、相続人の間で分割協議が必要です。

・全日空　マイレージクラブ会員規約　第30条（会員の死亡）

会員が死亡した場合、法定相続人は会員が取得していたマイルの譲渡を受けることができます。その際、要求者は、会員本人の死亡証明書と裁判所命令等、故人である会員の口座に残っているマイルの相続権を有することを確かに証明する書類を死亡後6ヵ月以内に提示する必要があります。相続の申し出が期間内になされない場合は、当該会員の積算マイルはすべて取り消されます。

・日本航空　マイレージバンク一般規約　第14条（合算不可）

積算されたマイルを会員間で共有、合算および譲渡することはできません。ただしJALFC会員およびＪＡＬカード家族プログラム登録会員は、そのプログラムの特典として、特典の引き換え時に限り、登録している家族会員間で積算マイルを合算することができます。また会員が死亡した際、法定相続人は所定の手続きにより会員のマイル口座に残る有効なマイルを相続することが可能です。

楽天Ｅｄｙも、通常の相続手続きが必要ですが、残高の相続人への移行が可能なようです。

今後は、電子マネーも相続の手続きが必要になることが増えてくるでしょう。

ところで、税務署がこの電子マネーをどれだけチェックしているかが気になりますが、現在のところ、税務署は相続財産に電子マネーがどれだけ含まれているかは、あまりチェックしていないようです。

理由は、

①煩雑な割に大きな漏れにならない

②言い出したらきりがない

③国民感情にふれる

のようです。

今後はわかりませんが、現在のところ電子マネーまで介入することは少なそうです。

24．携帯電話

携帯電話も、スマートフォンに代表されるように、様々な機種が出てきました。

名義変更をするのは、あまり大変ではありませんが、解約は少し大変です。

購入した際に、機種本体の代金を分割払いしていると、残債が残っているからです。

また、前項で述べた、電子マネーが使える、いわゆる「お財布携帯」も増えています。

余談ですが、携帯電話の中には、微量の金が含まれており、何千台も集めると、まとまった金として換金できるようです。まさに、埋蔵〝金〟です。

25. デパート会員証・積立て

デパートの会員証も、クレジットカード機能がついているものが多くあります。連絡をしないままでいると、年会費が自動引き落としになりますので、早めに連絡をする必要があります。

ポイントが商品券に代わるものもありますので、確認が必要です。

高島屋や松坂屋などは、友の会での積立金があり、何十万円にもなることがあります。

この積立金も、銀行口座からの自動引き落としになっていますので、早めの連絡が必要です。

26. ＪＡＦ会員証

車の故障のときなどに、駆けつけてくれるＪＡＦの会員になっている人は、手続きが必要です。

会費の引き落としが、自動的にされてしまいます。

車の名義変更の手続きと連動して行います。

損害保険に自動的についているサービスが拡充したため、ＪＡＦに入っている人は少なくなってきていますが、保険に付いている救急ロードサービスは、提携している会社が少ないためか、初動が遅いことがあります。そういう意味ではＪＡＦが一番早く、事故や故障の対応をしてくれます。

27. フィットネスクラブ会員証

早めに連絡をしておかなければ、月会費が自動的に引き落とされます。

なお、引き落とされた会費は戻ってくることはほとんどありません。

退会届が必要なところもあります。

健康食品の定期購買も、すぐに連絡して配送を停止しないと、定期配送されてきてしまいます。

入会保証金があるスポーツジムやフィットネスクラブ等の場合は、保証金の返還手続きが必要なことにご注意ください。

事例47

利用しないジムの会費を3年間

Ｅさんのご主人は２年前、病気で亡くなられました。

生前はスポーツジムに入会して週に３回ほどトレーニングをされていたそうです。

先月、スポーツジムからの会費の請求書がＥさん宅に届いて「こんなことってあるのですか？」と驚かれ、センターにみえました。

入会時に50万円の保証金が預託されていたのですが、Ｅさんをはじめ、残されたご家族がジムを利用されることはなく、退会の手続きもとらずにそのままにされていたため、毎年、年会費が発生していました。

相談を受けてすぐに退会手続きをとったのですが、保証金50万円から3年分の会費18万円が差し引かれて32万円が返却されました。スポーツジム側も保証金を預かっているため、会費の未納請求はなかったので、放置していたのです。

手続きをしなかったばかりに、誰も利用しないスポーツジムの会費を丸々3年間も払い続けたことになります。

事例48　スポーツジムの会員権

スポーツジムも、相続手続きによる名義変更や退会の手続きが発生します。

スポーツジムの場合は、他への譲渡に関して流通が確立されていませんので、施設会社で手続きをすることになります。

これらの処置手続きも早目に行わないと、会費の発生がありますので注意してください。

特に保証金の預け入れをしている場合は年会費についての未納督促がゆるいため、翌年以降も気付かなく、会員権を利用することなく、たまった未納会費で保証金を償却してしまう結果になりかねません。

28. パソコン・インターネット会員

パソコンを開くときに、ロックがかけてあれば、パスワードを入れないと、画面すら開けることができません。中にどんなに重要なデータが入っていても、見ることができなければ、どうにもなりません。

パソコンでできることも、ここ数年で大きく変わりました。

見つけてほしいものが見つからなかったり、見つけてほしくないものが見つかったり、ＩＴの世界はどんどん複雑になってきています。

インターネットのプロバイダー契約や、様々なソフト使用料は、クレジットカードと銀行口座をとめると、請求書が来ます。

その時点で、必要かどうかを判断して、支払いをするかどうか決めても遅くはありません。

契約先とパスワードなどを書いた紙を置いておくか、エンディングノートに書いてあると家族も安心です。

ブログやソーシャルネットワークといったデジタル資産は、どう取り扱うか未整備なところが多いです。

サービスを提供する会社が、遺族にデータを引き渡したり、登録を消してくれるところもあります。

プロバイダ契約などの毎月費用が掛かるものは、遺族に引き継ぎをすることができますが、多くの場合は、サービスを提供する会社の利用規約によって判断されます。

アカウントやＩＤは、利用規約に基づいて貸したものだという取り扱いですので、引き継ぐことができないものがほとんどです。

遺族が相続を主張できるのは、個人の著作物など限定的なものになります。

引き継ぐ手続き

基本的に、引き継ぐ手続きに必要な書類は共通しています。

①亡くなった方の出生から死亡までの連続した戸籍謄本
②相続人全員の戸籍謄本
③相続人の印鑑証明書

前にも述べましたが、この3種類の書類を、本書ではまとめて「相続セット」と呼んでいます。

また、相続の手続きは、「遺産分割協議書又はその手続きをするための所定の用紙に、相続人全員が、実印を押すという作業」が必要となります。

この作業を、本書では、「通常の相続手続き」と呼びます。

29. 家屋の火災保険の名義変更

火災保険ですが、保険をかけていない人も意外と多いことに驚かされます。

特に、住宅ローンを組んだときに入った火災保険が満期を迎えて、そのまま放置している人が、代表例です。

築年数が古い家ほど、漏電などによって火事の起きる可能性が高いにもかかわらず、何も保険が掛けられていないことがあります。

誰も住まなくなった場合は、補償内容など契約の変更をしていないと、いざというときに保険が出ない場合もあるので注意が必要です。

日常住んでいない住宅は、住宅用ではなくて、一般の火災保険になります。

空き家になると、放火や盗難などのリスクが高くなるので、掛け金は割高になってしまいます。

農協とお付き合いがあった人は、建物更生共済（通称：建更）の確認は必ず必要です。

これは損害保険のひとつで、原則掛け捨てである火災保険とは異なり、満期時には満期共済金、満期時割り戻し金、据置割り戻し金が受け取れます。

積立型の保険の一種になり、相続財産に含まれます。

この建更の手続きは「通常の相続手続き」が必要です。農協指定の用紙に、相続人全員が実印を押印します。

同じ家なのに、２つも保険が掛けられていたりする場合もあります。

積立目的で加入する場合もありますので、一家全員で、補償内容を確認する必要があります。

30．入院給付金

医療保険や生命保険の特約で付いている入院給付金（かんぽ生命は入院保険金）は、亡くなった方が受け取るべき財産で相続財産になります。

請求するには、相続人全員の印鑑が必要な「通常の相続手続き」を行います。

相続税がかかる場合は、税金がかかる対象財産の中に含まれます。

死亡保険金は受取人の財産ですが、入院給付金は相続財産なので、行方不明の相続人がいたケースで、あえて少額だった入院給付金を請求しないという案件もありました。

死亡保険金と合わせて請求することが多いですが、この手続きは請求のし忘れが多いですので、請求漏れがないようにすることが大切です。

特に、家族の誰かが入院した時に支払われる「家族型の保険」に入っている場合は、普段あまり契約内容を気にすることがないので、請求を忘れることがあります。

また、請求の際には、手術内容や入院期間がわかる診断書が必要となります。

自社専用の診断書を必要とするところが多いですが、病院で発行してもらうと、1通5000円〜1万円もかかることがほとんどです。

全労済などのように、入院期間と病名が書かれていれば、他社の診断書のコピーでも受け付けてくれるところもあります。

31．公共料金・NHK受信料の名義変更と引き落とし口座の変更

公共料金等の引き落とし口座の変更は、すぐにやらなければいけないと思われがちですが、そんなに急ぐ必要はありません。

銀行口座が凍結されて、料金の引き落としができなくなると請求書が送られてきます。

当面は、銀行やコンビニで支払いをすれば特に問題はありません。

すぐに電気やガスや水道が止まることはないのです。

電気は2ヵ月滞納すると止められます。

ただし、事前に送電停止通知書が届くので、急に止められることはありません。

ガスも約2ヵ月滞納すると止められますが、これも同様に、事前にガスの供給停止の手紙が来ますので、いきなりということはありません。

水道が止まるのは一番最後です。

請求書が来て、督促状が来て、未納通知書が来て、給水停止通知書が来て、ようやく水道は止まります。慌てなくても、少し落ち着いてから、引き落とし口座の変更を行えばよいのです。

また、銀行には、公共料金の引き落とし口座をまとめて記入する用紙（公共料金口座振替依頼書）がありますので、それを1枚書いて銀行に提出すれば、すべての問題は解決します。

32. 自動車保険（自賠責・任意保険）

車の事故での死亡であれば、各種保険金の請求を行うことになります。

ただし、死亡事故の場合は、相手方がプロの保険会社ですので、弁護士に依頼して交渉をしてもらうほうがよいでしょう。

自動車保険に弁護士特約をつけていれば、弁護士費用も、全額保険から出ます。

自動車保険には、強制保険と任意保険があります。

強制的に入らなくてはいけない保険である自賠責保険は、車にかかっている保険だという考え方ですので、誰の名義でも大丈夫ですが、車の名義が変わり車検証の所有者の欄が変われば、保険の名義変更もしておいたほうがよいでしょう。

車を引き継ぐのであれば保険も引き継ぐことになりますが、補償内容はきちんと確認する必要があります。特に年齢制限や家族限定などの様々な制限がついている場合は注意が必要です。任意保険は必ず名義変更してください。

余談ですが、契約の見直しの際には、弁護士特約と個人賠償責任保険は必ず入っておいたほうがよいでしょう。数百円の安い掛け金で、保険事故が起こったときに、手厚い補償を受けることができます。一度、火災保険か自動車保険などの損害保険の契約書を見直して確認してみてください。

33．各種免許・届出

宅地建物取引士、一級建築士、行政書士などの個人の資格は引き継ぐことができませんので、死亡したことを各協会に届け出なければなりません。

酒、たばこ、印紙などの販売を行っていた商店主が死亡したときは、所属する組合が営業許可の引き継ぎの手続きを代行してくれることが多いです。

印税は、著作権契約の内容によって異なりますが、引き継げる場合がほとんどです。著作権の評価方法も国税庁で決められており、契約の変更が必要です。

34．借地・借家・賃貸住宅など

借地や借家の契約の変更はしたほうがよいですが、法律上は絶対しなければならないわけではありません。

借地の場合は、地主さんに連絡をして、引き落とし口座の変更を行います。

現金払いのときはあまり手続きはいりませんが、亡くなったことは伝えておいたほうがよいでしょう。

借地の名義書き換え料や様々な名目で、地主さんが金銭を請求してきた場合は、早めに専門家に相談すべきです。借地や借家に関する法律は複雑で、何を支払わなければならないかを判断するのは、とても難しいからです。

例えば、借地借家法制定前の契約なのか、後の契約なのかで、取り扱いが変わってきます。

立ち退き料の問題が出てくることもあります。

借地や借家の場合は、かなり古い契約が、そのまま続いている場合もたくさんあり、契約書の書き直しをすることもあります。

建物が建ったままの土地を、地主さんに返す場合は、税金のことを少し考慮しなければなりません。

他人の土地の上に家を建てている場合は、借地権という財産評価になるからです。

立ち退き料が借地権の譲渡になり、譲渡所得の申告をしなければならないこともあります。

建物を地主の名義に変えて、地主の負担で建物を取り壊すことによって、立ち退き料と相殺というケースもあります。

建物を地主さんが負担して壊してから、滅失登記は借家人が行うという方法もあります。

事例49 借地の相続は身内だけで決められず大変

被相続人である福地さんの相続人は、60代の4人でした。

相続不動産は、駐車場と以前被相続人の家業に用いられていた店舗、居宅用建物、これらの敷地（借地で月々10万円の地代）でした。

相続人は女性ばかりで、ほとんどが地方にお住まいの方でした。

福地さんは、すでに家業をやめておられたため、相続人の中に、借地を取得したい方はおられませんでした。

そこで、相続人の方々は、借地を現金化して分割しようとお考えになり、地主に借地の権利を買い取っていただくように申し出されました。

しかし、地主との交渉がうまくいかず、遺産分割が進められませんでした。

このままでは地代の支払いで生活が苦しくなるばかりなので、地代の減額請求を地主にすることになりました。

これは一時的な措置であって、根本的な解決の案として、次の4つがありました。

1案　地主の提案した安い借地権の買取金額に応じる。

2案　借地上の建物をリフォームして住み、駐車場管理をしっかりして地代分の収益が得られるようにする。

3案　賃料減額請求を併用しつつ、地主とじっくり交渉する。
4案　ほかの買い手をさがす。
地主との交渉は、なかなかうまくいかないケースが多いです。
2案と3案を併用して、地代を確保しつつ、賃料を減額して、借地権の買取金額を地主とじっくり交渉していくことになり、1年後にようやく解決することができました。

35. 株式・債券の名義変更

手続きは、証券会社指定の代表者選定届か、遺産分割協議書によって行います。

相続セットを用意して、通常の相続手続きを行います。

株を引き継ぐ相続人は、故人が取引をしていた証券会社で口座を作らなくてはいけません。

株の移動をさせるためです。

口座を予め持っていればいいですが、新しく口座を開く際には、重要説明事項ということで、金融取引のリスクなどについて約1時間の説明を受けなければなりません。

証券会社が一つだけであればいいですが、複数の証券会社に口座を作らなければならない場合は、非常に時間がかかります。何度も同じ話を、聞かなければなりません。

また、新しく口座を開設する人が70歳以上だと、親族が同席しなければならない場合もあります。

配当通知を見れば、端株があるかどうかがわかりますが、株の名義変更をする場合は、念のため、信託銀行で端株があるかどうかの確認をしたほうがよいでしょう。

昔は本人の名前でなくても、株が買えた時代がありました。

親族全員の名前で株を買ったり、映画俳優や芸能人の名前で株を買っている人もいました。

当時爆発的に売れた歌手などの名前で、株を買った人も多いです。

しかし、そのときに買った株を持っている人は大変です。

特定口座に入れなければならない制度ができたときに、ほとんどクリアされたと思いますが、いまだに株券を持っている人もおられます。

他人の名前で株券を持っていると、相続の手続きは煩雑になります。

また、非上場の株式（親戚の会社や友人の会社）の株を持っている方もおられます。

持ったまま、もしくは株主名簿に記載されたままである場合は、その会社に連絡をして、手続きをするべきです。

何年間も、株主名簿がそのままになったままの会社もあります。

投資信託は、相続人でいくつかに分けることができるものと、できないものがあります。

事例50　1株にならない株式

証券会社が取り扱う株式については、証券会社の窓口や信託銀行で名義変更手続きをします。

注意しなければならないのは、端株や単位未満の株がないかどうかです。

上場株式が電子化されてから、手許に株券はありませんので、相続の株や有価証券は、証券会社からの郵便物や信託銀行からの配当振込を預金通帳でチェックします。

証券会社との取引がなくなっていても、従前株取引をされていた方は端株や単位未満株が存在するケースがあります。

普通預金などに１０００円未満の振り込みがされているときは、端株などの配当金の可能性が高いですので、相続預金は残高に関係なくすべて記帳して調査してください。

未上場の株式については、株券がない場合が多いので、取締役や監査役をされていたときには株券も所有していたのでは？　とその会社に確認することが大切です。

特に、友人への出資だったのか、貸し付けだったのか、もめることがあるので注意してください。

事例51　株式の名義書き換え

株式には、証券取引所に上場されている株と、上場されていない株（未上場株）があります。上場されていない株については、当該会社に相続が発生した旨を通知して、名義書き換えを行うことができます。

証券取引所に上場されている株式は、証券会社に口座を開設して売買されます。株券の電子化制度が始まってからは、株券の現物はありませんので、証券会社に対して、口座名義の変更手続きを行います。

一方、端株や取引単位未満の数量の株式は、信託銀行で扱うのですが、その存在は少額の配当金が銀行口座に入金されていることで確認されます。

上場株券の存在の有無は、証券会社の取引明細・残高明細などの郵便物が重要な手掛かりとなります。

株券の現物が出てきたときは、その株券の会社の事務代行を行っている信託銀行の窓口で相談されるのが有効です。

事例52

投資信託を相続後に兄弟と分けたい

「父の死亡に伴い、父名義の投資信託を、私を含めた兄弟3人で均等に相続をすることにしました。

ただし、株価評価が低いため、話し合いの結果、即解約するのではなく、代表していったん私に名義を変更し、評価額が上がった時点で解約し、均等に受け取りたいと考えています。

その場合、相続税の対象は、私1人になるのでしょうか。

また、その後、この投資信託を解約して兄弟と分ける際、贈与税の対象になってしまうのでしょうか」

と相談に来られたAさんは質問されました。

Aさんのケースの場合、Aさんが現物分割により投資信託を相続し、評価額が上がった時点でA

さんの財産となった投資信託の解約金の中から、ご兄弟に現金を贈与するということになります。

そのため、相続の際にＡさんに相続税、解約金を分けた際にはご兄弟に贈与税が課税されます。

遺言書がない場合に、相続人で財産分けのことを話し合い、遺産分割協議書を作成します。

その協議で選択できる遺産分割の方法には、現物分割、代償分割、換価分割の方法があります。

①現物分割とは、遺産を現物のまま分割する方法

②代償分割とは、共同相続人の一人又は数人が相続により財産を取得し、その現物を取得した者が他の共同相続人に対し自分の手持ちの現金等を支払う分割方法

③換価分割とは、共同相続人の一人又は数人が相続により取得した財産の全部又は一部を金銭に換価し、その換価代金を分割する方法

Ａさんにすべて名義変更する形で、なおかつ兄弟で平等にしたい

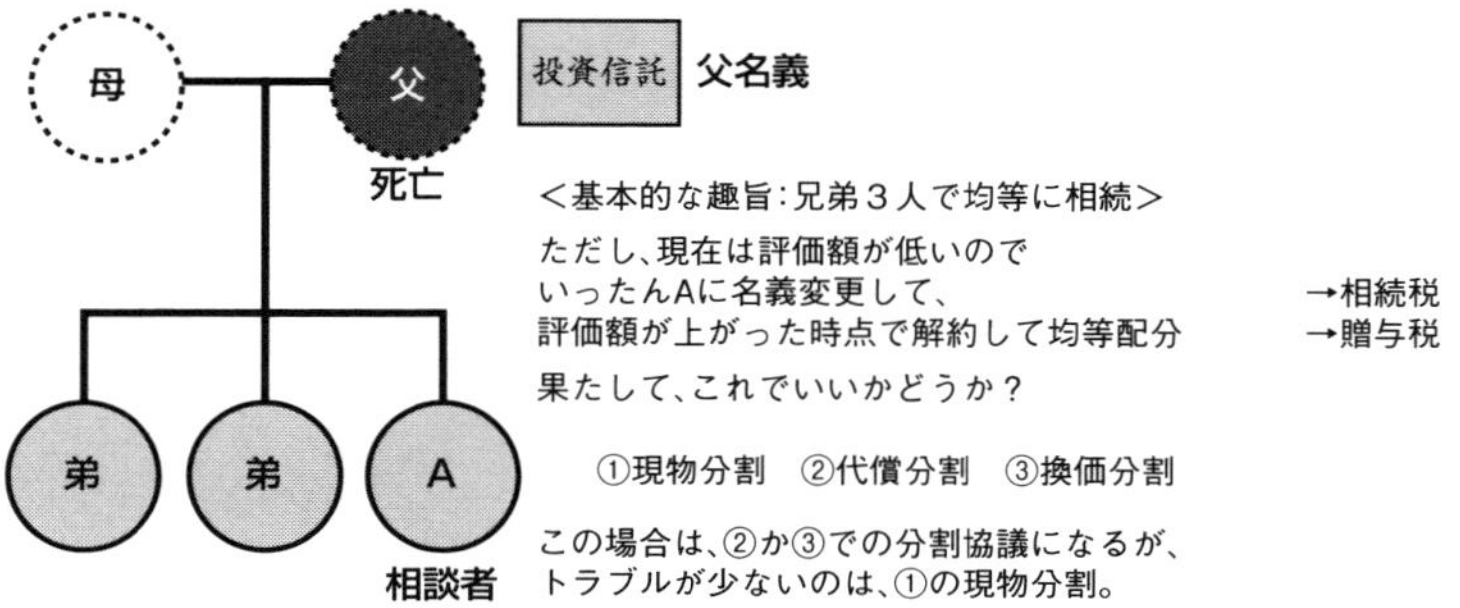
母
父
死亡
弟
弟
A
相談者
投資信託
父名義
<基本的な趣旨:兄弟３人で均等に相続>
ただし、現在は評価額が低いので
いったんAに名義変更して、
評価額が上がった時点で解約して均等配分
→相続税
→贈与税
果たして、これでいいかどうか？
①現物分割　②代償分割　③換価分割
この場合は、②か③での分割協議になるが、
トラブルが少ないのは、①の現物分割。

のであれば、代償分割や換価分割となるように、分割協議でご兄弟に渡す金額を決定する必要があります。将来の値上がりは約束されたものではありませんから、よく話し合いをする必要はありません。

投資信託の種類によっても取り扱いが違いますが、一番良い方法は、ご兄弟3名が均等に現物分割により相続し、投資信託の名義を変更する方法です。

この方法ですと相続税はそれぞれの負担になりますし、それぞれのタイミングで解約することができ、トラブルは少ないと思われます。

現物分割することができる投資信託は実際ありますので、まずは、投資信託を分けて相続することができないかどうかを、取引金融機関にご確認されることをお勧めします。

36. 電話の名義変更

電話回線の名義変更も必要です。

電話加入権とも呼ばれますが、現在の正式名称は「施設設置負担金」です。

無料で名義変更ができます。

その方法は死亡記載のある戸籍などのコピーと申請書を記入して、加入権センターに送付するだけです。

相続人全員の印鑑は必要なく、代表者からの申請だけでできます。相続セットは必要ありません。

以前は、何万円もの価格で売買取引がされて財産的な価値がありましたが、現在はほとんどありません。

しかし、国税庁の通達で電話回線の価格は、約２０００円と評価されています。

相続税の評価額は国税庁ホームページの路線価図が載っている財産評価基準書の中の「電話加入権の評価」の項目で見ることができます。

37. 信用金庫・農協・生協への出資金

忘れがちな手続きの代表的なものです。

昔、何か事業をしていた場合は、信用金庫との取引がある場合があります。

預金口座がなくても、出資金だけはそのままになっているケースがあります。

信用金庫の出資金の手続きは、「通常の相続手続き」が必要で、相続人全員の印鑑が必要です。相続セットも準備が必要です。

生協の出資金は、金額に応じて必要書類が簡素化されています。

また、出資金の解約は時間がかかります。

多くの場合、出資金を解約して精算する場合は、組合を脱退することになり、定時総会の決議がいるためです。通常春先に出資金の払い戻しが決議されることが多いので、場合によっては1年ほど待たなければならないこともあります。

これと同じように、故人の事業が引き継がれない場合には、同業者組合への出資金・加入保証金も退会手続きを取り、出資金・加入金の返却を受けることになります。

農業を営まないのであれば、農協への出資金も同様ですので注意してください。

鮎釣りができる川の事業者が集まった漁業組合や森林組合などがあります。

農業、漁業、林業、事業など、何か自営業をしていると、組合に入っている可能性があります。

38．自動車の名義変更

車も相続財産となりますので、通常の相続手続きが必要です。

相続人全員の実印と印鑑証明書が必要となります。相続セットが必要ですが、原本を返してもらえないため、この手続きは最後に行うことが望ましいです。

車の新しい所有者が同居していた人であれば問題ありませんが、住所が違うと車庫証明が必要になります。

管轄の陸運局が違うと、ナンバープレートも変わります。

陸運局に車を持って行って、プレートの付け替えをしなければなりません。

また、ローンの途中で亡くなると、ローン会社との書類のやり取りが必要です。

残債を一括返済して、名義人になるのか、分割払いを続ける債務者の変更にするのかによって、手続きが変わります。

一方、軽自動車は相続人代表者からの届出だけで済みますので簡単です。

原付バイクの所有者が死亡した場合の、行うべき手続きはさらに簡単です。

所有者が死亡した場合、ナンバープレートを管轄する市区町村の役所に持って行って、一度原付バイクを廃車します。所有者がいなくても廃車手続きを行うことが可能なので簡単です。

相続したバイクを処分したい場合、バイク買取業者に出してしまうのもお手軽です。

大手のバイク買取業者は引き取りに来てくれますし、手続き等もすべてやってもらえます。

海の上の自動車である船も、相続の手続きが必要です。

大きさによって手続きが違います。20トン以上の大きい船になると不動産と同じように扱われて、船舶登記が必要となります。

この手続きは、海事代理士という専門家が行います。

小型船舶（プレジャーボートや漁船・水上バイク）などの場合も、移転登録が必要です。

小型船舶について、所有者の変更をする場合は、死亡した日から15日以内に移転登録の申請を行う必要があります。

移転登録は省略できませんので、その都度行う必要があります。

１つの小型船舶を複数の者で所有している場合も同じです。

39．預貯金の口座

銀行の口座は、すべての人がしなければならない手続きの代表的なものです。

年金が振りこまれる口座は、１人１つは必ず持っているからです。

相続セットを準備して、通常の相続手続きを行います。

各銀行によって書類は様々ですが、基本的には相続人全員の実印と印鑑証明書が必要です。

金額が少ない場合は、簡易手続きで、代表者のみの実印で手続きができるところもあります。

定期預金は一括預入、一括引き出しが原則ですので、預金の一部だけを解約することはできません。

しかし、普通預金は、預金の金額にもよりますし、金融機関の理解も必要ですが、自分の法定相続分だけ、引き出すこともできます。


また、口座があるかないかわからないときは、口座照会という手続きをします。

通常は氏名、生年月日、住所で照会します。

住所は戸籍の附票に載っている住所すべてで行うと確実です。

住民票に載っていない住所で口座を開設しているときは注意が必要です。

ペンネーム、通称で作った口座の名義変更は、本人特定が難しく、手続きも困難になりますので、生前に処理しておくべきです。


普通の銀行は、どの支店でも、その銀行全支店に口座があるかを名寄せして調べてくれますが、ゆうちょ銀行は、口座数が多すぎてシステム上難しいのか、貯金等照会書という書類を提出しないとやってもらえません。

その照会期間も1ヵ月ほどかかります。

請求用紙（「貯金照会書 兼 回答書」）は窓口でもらえます。

ゆうちょ銀行では、提出された貯金照会書に書かれた住所や氏名から貯金を探すので、名義人が過去に引越しをしていたり名前が変わったりしている場合、旧住所・旧氏名も正確に記入する必要があります。

あやふやな場合は、きちんと調べてから現存照会をしたほうがよいでしょう。

自治会や町内会の会長、任意団体の代表をやっていた人が亡くなったときは、代表者の名前を変える手続きになります。

個人の財産か団体の財産かで、取り扱いが異なります。

ネットバンクの預金なども、通常の銀行と同様の措置が取られます。

しかし、通帳やカードがないため、遺族が口座を持っていることに気づきにくいものです。

ネットバンクを運営する会社も、口座確認の通知を郵送で送ったりするところも増えてきています。

銀行の口座は、各種手続きのためのヒントがたくさん詰まっています。

故人の引落口座を確認して、引き落としがされているものが何かを調べ、解約などの手続きをしていくことになります。

葬儀が済んでから、しばらくは様々なところから請求書や案内が届くと思います。

その中に記載されているものから、誰とどんな取引をしていたかがわかるはずですので、一つ一つ順番に処理していきます。

事例53

法定相続分のみでの一部解約

Aさんの叔母Bさんが亡くなり、O市信用金庫に２０００万円の預金がありました。Bさんには配偶者も子供もいませんでしたので、Bさんの兄弟姉妹が相続人となります。

Bさんの亡くなった姉のお子さんがAさんで、今回の依頼者となります。

Bさんが亡くなった直後に、兄のCさんも亡くなり、その直後にCさんの配偶者Dさんも亡くなってしまいました。

CさんDさんのお子さんはずいぶん前に事故で亡くなれていました。

Bさんの預金の手続きを行う前にCさん・Dさんと続けて亡くなったものですから、Dさんの兄弟姉妹の署名・実印捺印が必要となってしまいました。

Aさんからすれば、母親の兄の妻の兄弟姉妹ということになりますので、顔も見たことがありません。

戸籍をたどって調べていくと、Dさんの兄弟姉妹は4名で、内2名は結婚することなく亡くなられていました。

1名は茨城県に住民票がありますが、そこに住んでいないようで、行方不明です。

1名はアメリカ人と結婚して、そこで日本の戸籍は途切れていました。

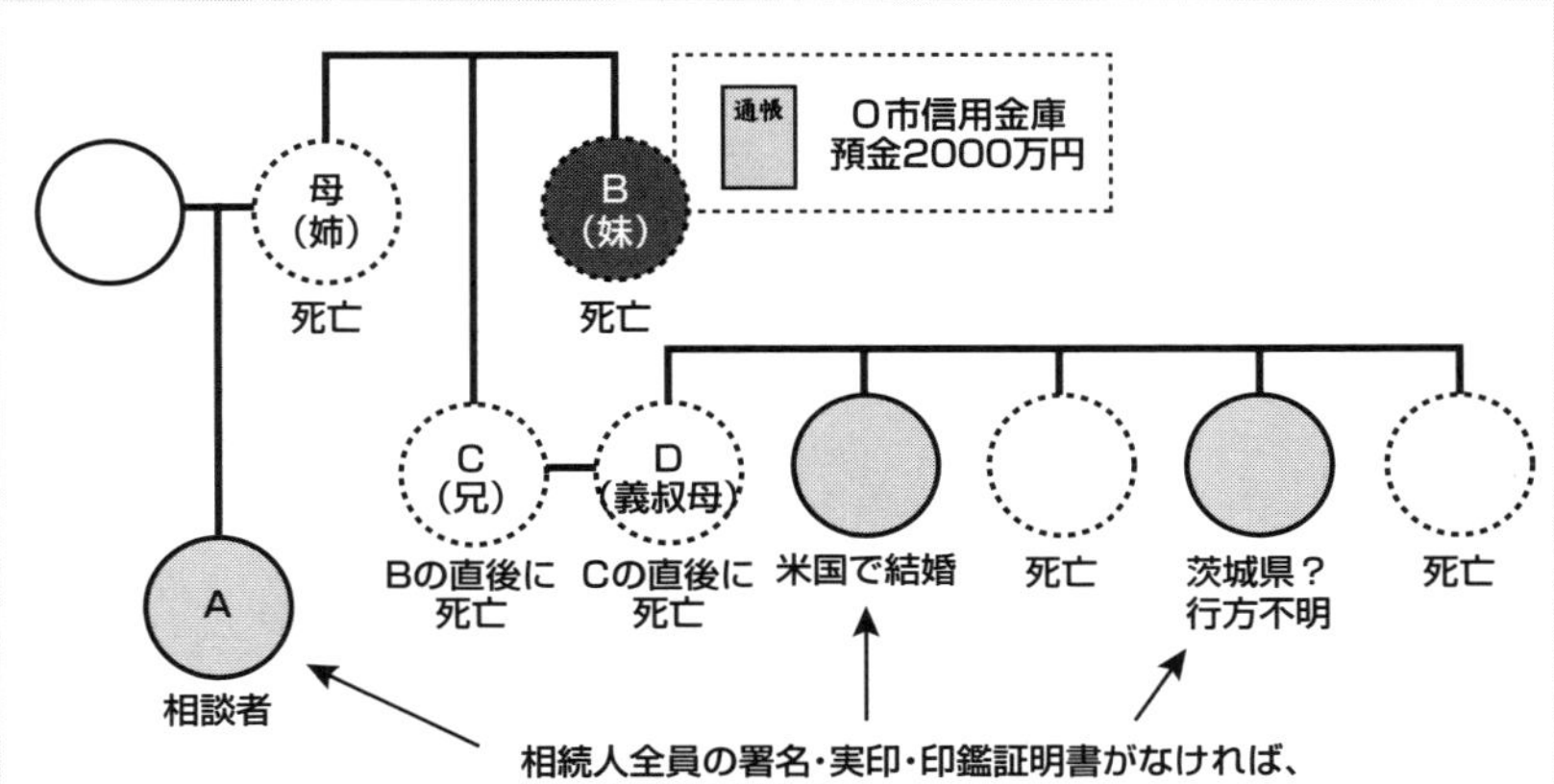
預金を解約できない

Ｏ市信用金庫の支店にAさんと訪問して、裁判事例から民法８９８条に「相続人が数人あるときは、相続財産は、その共有に属する」とあり、「各相続人が相続分の割合に応じて独立して債権を取得するものと解される」（平成7年12月21日判決抜粋）とAさんが何度も伝えました。

しかし、「内規が、内規が」と言って取り合ってもくれず、解決するための歩み寄りも全くありませんでした。

3回目に訪問したときに「本部に行くから、誰のところに行ったら良いか教えてほしい」とAさんが言い、やっと本部の人間を紹介してくれました。

その足でAさんは、本部のコンプライアンス室室長と話しましたが、同じく「内規がそうなっているのでどうしようもありません」と平行線でした。

1時間ほど押し問答した後に、コンプライアンス室室長が、「私の立場でこう言ってはなんですが、裁判をされて判決が出て、裁判所命令ならばお支払いします」と言ってきました。

最終的に、弁護士の先生に依頼して裁判をしました。

当日信用金庫の顧問弁護士が来ましたが、反対弁論もなく即日で終了し、無事一部解約することができました。

他の銀行では「一部解約は普通にできた」ということも聞きましたが、今回はかたくなに拒否され、時間と費用をかなり費やすこととなりました。

金融機関によっては、取り扱いが異なることがありますので注意が必要です。

40. ゴルフ会員権

ゴルフ会員権についても、相続手続きによる名義変更や退会の手続きが発生します。

ゴルフ会員権の場合、故人に代わってそのゴルフ場を利用する方が遺族にいらっしゃれば名義変更手続きをゴルフ場に申請すれば良いのですが、引き続き利用しない場合にはゴルフ会員権業者への売買となります。

会員権証書が見つからない場合は、故人のゴルフバッグに付いている名札のタグのゴルフ場が目安となります。

会員権は持っていても、長年利用していない場合などは、年会費やロッカー代が未納となったままの場合もあります。放置したままだと、規約にもよりますが、5年か10年で会員から除名される場合もあります。

近年は、倒産したゴルフ場や任意整理中の会員権を相続されることもあります。

預託金の返還請求をしても、倒産しているクラブは1年後に1万円ずつ返還しますというところもあり、プレイができればまだましです。

事例54

破たんしたゴルフ場の会員権

亡くなった方の息子さんから、相続の手続きの依頼を受け、亡くなった方の遺した書類関係を整理していると、裁判所からの封筒と書類、そしてゴルフ会員権が見つかりました。

調べてみると、このゴルフ場は数年前に民事再生手続きを申請し、現在は再生計画が承認されたうえで、営業していました。

裁判所からの書類というのは、民事再生手続きに当たり、お知らせの類のものから、債権者の届出、計画案の承認、新会員権への切り替えの案内などすべての郵送物がありました。

亡くなった方は、この郵送物に対しての対応は全くしていませんでした。

息子さんも、「破たんしたゴルフ場の会員権だから財産的価値はないだろう」と考えていましたが、ゴルフ場へ問い合わせることにしました。

ゴルフ場の回答は、「相続手続きができます。持っている会員権の額面10分の1の金額になりますが、新会員権への切り替えが可能です。10分の1の金額を10年間にわたって現金で受け取ることも可能です。どちらか選択してください。また、現在会員権は流通しているので、「市場で売却も可能です」というものでした。

息子さんと相談し、通常の相続手続きと同様に、名義変更の相続手続きを行い、新会員権への切り替えを行いました。

額面２９０万円の会員権でしたが、今回の相続手続きにより、10分の1の額面29万円の会員権となりました。

破たんした先だから財産価値はないと思っていても、ゼロではなく、いくらかの価値がある可能性があるので、調べる必要があります。

事例55

バブル期1000万円!?　今は数万円!?　のゴルフ会員権

Yさんのご主人は、突然の入院から7ヵ月後　お亡くなりになりました。

相続人は、Yさんと県外にお住いの2人の息子さんです。

80歳近いお母様が相続の手続きをするのも、県外にいる2人の子供たちが何度も帰省して手続きしてあげることもできないので、相談に来られました。

相続手続きの内容は、不動産・預貯金・有価証券・ゴルフ会員権・乗用車の名義変更、遺族年金の申請、準確定申告と確定申告です。

不動産、預貯金、遺族年金については、奥様のYさんが相続され、スムーズに進みました。

一方、有価証券を、県外にお住いの2人の息子さんが半分ずつ、乗用車を長男、ゴルフ会員権を次男が相続することになりました。

ゴルフ会員権は、次男が相続というお話だったのですが、ご主人の友人の方がほしいとの連絡があったので、変更は可能かどうかとの連絡がありました。

会員権は名義変更に10万8000円が必要であり、

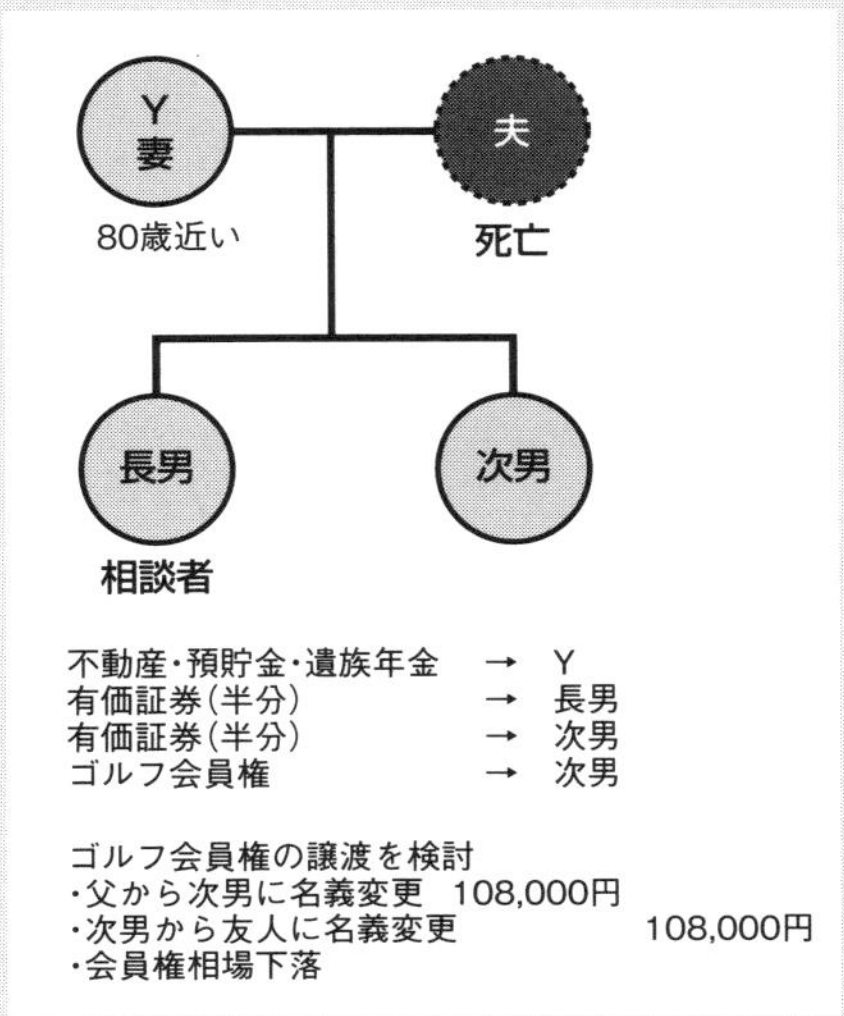

譲渡するためにはさらにご友人の名義変更となり、プラス10万8000円が必要で計21万6000円となります。

また、会員権はすでに価値が下がっているため、売却しても販売業者に手数料を払うとマイナスになる可能性も出てきました。

しかし、やはりお父様のものを友人が受け継ぐということに決まり、完了まで2ヵ月半を要しましたが、無事手続きを終えることができました。

41. リゾートホテル会員権

リゾートホテルや、リゾートクラブの会員権は、会社で所有していれば問題ありませんが、個人が所有していれば相続の手続きが必要です。

今後も、ハワイやオーストラリアなど、海外のコンドミニアムなどの利用権の相続手続きなどが出てくることが予想されます。

事例56

リゾートホテル会員権の名義変更

被相続人の田中さんは、相続財産にリゾートホテル会員権がありました。

リゾートホテルの管理運営会社に名義変更を依頼したところ、次のような回答をいただきました。

「リゾートホテル会員様は、リゾートホテルの一部の所有権を持っていらっしゃいます。言い換えると、リゾートホテルを会員様たちが共有で持っていらっしゃるのです。よって、相続人がホテルの持ち分につき不動産所有権移転登記をした後に、当ホテルがホテルの会員権の名義変更をします」

その旨をご子息に告げ、ホテルの持ち分の権利証の呈示をお願いしました。相続にともなう不動産所有権移転登記において、権利証は不要ですが、権利関係確認のためにお願いしました。

しかし、ご子息は権利証をお持ちではありませんでした。

登記事項証明書で登記年月日を確認したところ、田中さんはリゾートホテルの表示登記が終わった直後、所有権移転登記の手続き中にお亡くなりになっていたことがわかりました。

リゾートホテルの管理運営会社に確認したところ、所有権移転登記は完了しており、田中さんのご自宅に司法書士から権利証を発送しているとのことでした。

発送した時期が田中さんの初七日だったので、ご子息が忙しくしており、権利証は他の書類等に紛れていたことがわかりました。ご子息もまさか初七日に権利証が送られてくるとは思っていなかったようです。

見つかった権利証で登記内容は確認できました。

会員権は、名義変更されないままにされていることも多いですので、注意が必要です。

不動産の手続き

42．相続（名義変更）登記

自宅やマンションなど、不動産を持っている人が亡くなった場合には、必ず必要です。

この手続きを依頼するときは、司法書士が専門分野です。

相続セットと遺産分割協議書が必要です。


不動産の所有者が死亡して、相続登記をしないままでいると、その年の秋ごろに市区町村役場から、固定資産税を誰が払うか決めてほしいという「固定資産税にかかる相続人代表者の届出書」が届きます。

毎年1月1日現在の所有者に固定資産税の請求がされるため、年内に手続きを済ませることが望ましいです。


亡くなった方の最後の住所と、登記簿に書かれている住所が違う場合は、権利証や戸籍の附票等で住所確認が必要です。法務局は、氏名と住所が一致していて、初めて同一人物と判断します。

また、原野・山林、共有不動産などで、固定資産税の通知が来ない土地は、その土地を持っていることすら相続人が知らないこともあります。手続きの漏れに注意が必要です。

土地の名義変更が終わってからになりますが、田や畑を相続した人は、農地の届出を農業委員会にしなければなりません。

森林を相続した人も　森林組合への届出が必要です。

相続登記は、注意しなければならないことがあります。

法定相続人の1人からの申請で、その不動産に勝手に相続登記をすることができるからです。

もっとも、各人の法定相続分で共有という状態になります。

しかし、いったん共有にされてしまうと、分割協議が整った後、再度登記をやり直さなくてはなりません。

43. 建物滅失登記

現存していない建物が、登記簿上残ったままになっている場合は、建物滅失登記をしなければなりません。

これは、法務局で土地の登記事項証明書を請求する場合に、「その土地の上にある建物すべてを交付してください」とお願いすると、滅失登記がされていない建物が出てくることがあります。

原因は、建物を建て替えた際に、古い建物の滅失登記をせずにいたことです。

この滅失登記は、相続人の1人からの申請でできますので、相続人全員の印鑑は必要ありません。

44. 建物表題（増築）登記・所有権保存登記

どのような造りで、どれくらいの大きさの建物であるかを、図面を作成して登記することを建物表題登記と言います。

土地家屋調査士が専門分野です。

そして、その建物が誰のものであるかを登記することを所有権保存登記と言います。司法書士が専門分野です。

本来であれば、建物を建てたときに、この手続きをしておかなければなりませんが、築年数が古い建物は、登記がされていないものも少なくありません。（未登記建物）

近所や親戚の大工さんが、家を建て増ししてくれたときにも、増築の登記が必要ですが、これもされていないケースがほとんどです。

まれに、建物は実際にあるにもかかわらず、税金がかからず登記もされていない建物があります。市役所でさえ把握していない建物（幽霊屋敷）の場合は、市役所の人に現地確認に行ってもらって、課税の根拠となる金額を明確にしてもらう必要があります。

建物の課税価格を基に登録免許税を計算しますので、課税されていないと登記ができないからです。増築登記をして床面積が増えると、固定資産税がかかってくることは否めません。

事例57　登記されていない建物の相続

銀行の担当者から「お客様を紹介したい」との一報が入りました。銀行の応接室でお客様にお話をお聞きすると、「亡くなった妹の相続手続きをお願いしたい」ということでした。

その妹さんのご主人もすでに亡くなっておられ、子供がいないため妹の兄弟8人が相続することになったものの、もともと九州出身で京都に嫁いできたので、兄弟姉妹のほとんどが九州にいらっしゃるとのお話でした。

「一部の人は結婚して大阪、東京に住んでいるため、書類収集が大変なのでよろしくお願いします」と、ご依頼を受けました。

また、京都にある自宅は誰も住む人がいないので、売却したい意向を持っておられました。

ところが、そのご自宅の登記事項証明書を取得してみると、建物が未登記でした。

遺産分割協議書には「同地上の未登記の建物」と書くことで相続はできたとしても、相続登記をするためにはやはり建物の登記が必要です。

司法書士と相談した結果、二つの問題があることがわかりました。

一つ目は、建物の表示登記が必要で、そのための図面作成、費用が必要なこと。

二つ目は、区役所の固定資産税課に行って、未登記建物の所有者の名前を、亡くなった妹の夫（故人）から、亡くなった妹（妻）に固定資産所有者の変更が必要なことです。

いずれも費用と時間がかかるだけでなく、なにより当事者本人がすでに死亡しているため、手続きは相当難航することが予想されました。

8人の相続人と連絡を取りながら、役所の担当者と交渉を重ね、4月1日の新しい年度の固定資産評価証明書から、未登記建物の所有者の名前を、ご主人（故人）から奥様（故人）に変更してもらうことができました。

そして新しい年度の固定資産評価証明書に記載されている、被相続人である故奥様（妹）と遺産分割協議書によって相続登記をすることができました。

45. 抵当権抹消登記

抵当権は、登記事項証明書の乙区欄に記載されています。

よく見かけるのは、住宅ローンを返済して、借金を返し終わったのに、抵当権が付いたままになっているケースです。

返し終わったのであれば、すぐに抵当権の抹消登記をしておきましょう。

手続きは司法書士が詳しいです。


しかし、困った場合があります。

お金を貸している人が亡くなっていたり、会社が消滅している場合です。

「合併する前の銀行や倒産した銀行、友人や親戚が個人で付けていた」抵当権が残ったままで、債権者が特定できない場合は、少し手続きが煩雑になります。

完済したという証明書がもらえない場合は、抵当権についている金額・利息・損害金等の全額に相当する金銭を法務局に供託して、抹消することになります。

この手続きは難しいので、専門家に依頼したほうがよいでしょう。

抵当権ではなく、根抵当権が付いている場合は、特に注意しなければなりません。

死亡してから6ヵ月以内に、次に借金を返していく人を債権者と決めて合意してから、登記をしないといけません。

できなければ、根抵当権の元本は確定されてしまい、その後に発生する債権は、もはや当該根抵当権によっては担保されないことになります。

また、県や市が分譲して造られた街の住宅は、土地や建物に買い戻し特約の登記がされていることがあります。

買い戻し特約については、民法の579条に定められています。内容としては、一旦不動産を売るけれども、後で使うことがあるかもしれないからそのときには返してもらいますよ、という特約なのです。

最大10年でその期間は終わります。

その期間が終わったのに、特約が付いたままになっていることも多いですので、抹消の手続きが必要です。

買い戻し特約抹消登記に必要な書類を、市役所などの窓口でもらって、登記をすることになります。

事例58

根抵当権変更を忘れていると、会社がつぶれる!?

隼人さんの父である源平さんが亡くなりました。

源平さんは、生前、土木関係の事業を営んでいました。

源平さんは、事業用資金の借入を繰り返すことで、事業を維持していたのです。

というのも、源平さんは、元請け会社から工事の発注を受ける度に、1000万円単位にもなる工事用材料及び人件費を支払うため、借入をしていたのです。

源平さんは、親会社との取り決めにより、受注した工事の代金を親会社から受け取れるまで、工事完了後3ヵ月も待たされていました。

ようやく受け取った工事代金も、信用金庫への返済でほとんど使い切ってしまいます。

別の工事を請ける際、また事業用借入をし、その繰り返しで事業をやりくりしていたのです。

幸い、源平さんは不動産を所有していて、地元の信用金庫の根抵当権を設定していました。

だからこそ源平さんは、信用金庫から融資を継続して受けられていたのです。

銀行にとって、きちんとした担保を提供する源平さんは、万が一のときにも安全である貸出先だったのです。

そんな源平さんが亡くなり、その5ヵ月後、息子の隼人さんが相談に来られ、こうおっしゃいました。

「信用金庫から、『早く不動産の手続きをしないと、お金をもう貸さない』と言われ困っている。何とかしてほしい」

不動産調査の結果、次のことを隼人さんは知りました。

・不動産に設定されている根抵当権の債務者が、源平さんになっていること。

・根抵当権の債務者を自分（隼人さん）に変更していないから、信用金庫から融資を受けられないこと。

・根抵当権の債務者を自分（隼人さん）に変更できるのは、父（源平さん）を亡くしてから半年以内であり、あと1ヵ月であること。（民法398条の8）

早急に手続きする必要性を感じた隼人さんから、根抵当権の債務者変更を依頼されました。

約2週間後、隼人さんは無事、根抵当権の債務者変更を済ませ、信用金庫から融資を受けられました。

現在、隼人さんは、信用金庫からの融資と返済を繰り返しながら、事業を切り盛りされ、少しずつ事業を拡大されていらっしゃいます。

46．土地分筆登記・土地境界確定

一つの土地を二つ以上に分けて相続するときは、土地の分筆登記が必要です。

生前にきちんと境界が決まっていれば別ですが、分筆登記をする場合は、その土地に隣接している近所の人と、境界を確定させる必要があります。

境界確定のためには、近所の人と境界の立ち合いをし（境界標がない場合は、新たに境界標を設置します）、書面に実印と印鑑証明書が必要となります。

隣地の人の協力がないと、分筆や土地の境界確定はできません。

税金の手続き

47. 相続税の申告

相続税は、被相続人の財産に対して課される税金です。

この相続税は、亡くなった方全員が関係するものではありません。

国税庁の発表によると、平成26年度の死亡者数は約１２７万人で、このうち相続税の課税対象となった被相続人数は約5万6千人で、課税割合は４・４％となっております。１００人亡くなっても、４人しか申告の必要はないということです。

しかし、平成27年1月1日以降に死亡した人は、基礎控除額が縮小されましたので、相続税の申告をしなければならない人は、大幅に増える見込みです。

相続税の申告は、相続で財産をもらった人全員で共同して行うことが基本になります。

ここで言う「財産」の中には、税法独特の考え方により「財産」とみなされるものも含まれます。

その一つに、生命保険金が挙げられます。

生命保険金は、一般的には、保険契約者により保険金受取人が指定されているため、遺産分割協議で分割するべき財産には該当しません。

しかし、相続税の課税上は、財産とみなされます。

例えば、被相続人が生前に、愛人を死亡保険金の受取人にする生命保険を掛けていたとします。

この生命保険金も相続税の課税対象となるので、これを受け取った愛人は、相続人と共同して、相続税申告を行うことが基本となります。

つまり、死亡保険金のみを受け取った愛人も、被相続人の財産全体を把握しないといけないことになります。

最近は、様々な事情で相続税の申告を全員が共同して行えないケースも増えているようです。

相続人が別々に申告した場合は、当然、同じ内容の申告書にはなりません。

このような場合は、後になって税務署より指摘を受ける可能性が高くなります。

相続税には、「受けると得になる」優遇措置が数々あります。

もちろん、優遇措置なので、これを受けるためには、各種条件が定められているものがほとんどです。

その中には、「遺産分割協議ができていること」が条件となっているものもあります。

遺産分割協議自体に期限はありませんが、相続税の申告がある場合には、このような場合もありますので、申告期限までに分割協議を行っておくことをお勧めします。

しかし、いざ分割協議をしようとしても、スムーズに行えない場合もあります。

相続人が未成年だったり、成年後見人をつけなければならないような認知症だったりした場合は、家庭裁判所への申し立てに時間がかかるので、早めの申告準備が必要です。

また、相続税は現金での支払いが原則です。

期限までに分割協議を行えなかった場合には、被相続人の預金などの解約ができないことも考えられます。その場合は、納税資金を自分の預貯金から調達しないといけないことになります。

相続税は現金納付が原則ですが、どうしても現金で納められない場合は、延納（分割払い）や物納（土地などで払う）が認められています。

以前は、物納が認められるケースは珍しくなく、「売れない土地」や「いらない土地」を物納して相続税の支払いに充てることもできました。

しかし、物納の制度改正が行われ、物納するための条件が厳しくなり、現在では物納を行うことが非常に難しくなっています。

一世代前、二世代前の相続を経験された方の中には、まだまだ「物納すればいい」と安易に考えている方も多いですが、このような方々は注意が必要です。

一度決めた遺産分割協議を、やり直したいと言われる方がいます。

遺産分割協議自体は、やり直しができないわけではありません。

しかし、遺産分割協議のやり直しは、贈与税の対象になりますので注意が必要です。

相続税にも、法人税や所得税と同様、税務調査があります。

相続税の税務調査は、思ったよりも遅くやってくるのが特徴です。

税務調査がくる目安としては、相続税の申告期限（相続が始まってから10ヵ月後）から約1年後となります。

つまり、被相続人が亡くなってから2年近く経って税務調査がくることになります。

税務調査では、被相続人の生前の預金の使い方などを含め、様々な質問を受けることになります。

相続税の申告が終わったからといって、証拠書類となるものを捨ててしまうと、税務調査の際に困ることがあるかもしれません。

また最近では、いわゆる無申告（申告の必要があるけれども申告をしていない）の税務調査が増えています。

このような場合は、加算税を多くとられることもあるので、相続税の申告が必要かどうか、慎重に判断しないといけません。

最近の税務調査で、税務署が一番注目するのが、「名義預金」です。

例えば、被相続人の妻（専業主婦）の名義で多額の預金を持っていたとします。

それが、夫から渡された生活費を節約して貯めた結果であったとしても、税務の考え方では、それは被相続人の預金とみなされてしまいます。

また、被相続人が「相続税がかかるといけないから」と、生前のうちに自身の預金を妻名義に変更してしまう方もいます。これも、「名義預金」や「生前贈与」といった形で、課税上問題が出てきますので、注意しましょう。

事例59

両親が続けて亡くなると、相続税も2回払うの？

お父様がお亡くなりになってすぐにお母様もお亡くなりになり、相続税申告と相続手続きのご相談におみえになった、河原様の事例です。

亡くなったお父様には８０００万円程の財産があり、相続人が妻、長男、長女の3名であったため、基礎控除(注)以上となり（相続人3人のときにおける相続税のかからない額である４８００万円を、相続財産が超えた）、相続税の申告が必要となりました。

しかし、お父様が亡くなられてまもなく、お母様も亡くなられたため、お父様の遺産分割協議もまだ整っておらず、相続人の方はどうして良いかわからない状況でご相談に来られました。

まず、お父様とお母様の事前調査を行い、相続税の概算提示等を行いました。

その結果、お父様が８０００万円、お母様が１０００万円ほどの財産額でした。（この金額に関しては相続人の方も大体目処はついていたようです）

ですが、お父様の遺産分割協議に、相続人であるお母様が参加できないので、法定相続分で申告するしか方法はないと思われていたようでした。

お母様の相続発生時の財産が、５０００万円（お母様固有の財産である１０００万円に、お父様から相続する法定相続分2分の1の４０００万円を足した額）となり、お母様も相続税申告の必要があるとお考えだったようです。

税理士から、次のアドバイスをしました。

① お父様の分割協議は、お母様が亡くなられているため、お子様方2名でできること。

② ①の際、お母様が取得する相続財産が3200万円弱であれば、お母様の財産額が相続税のかからない範囲に収まり、お母様の相続手続きにおいて、相続税申告が不要であること。

その結果、お父様の分割協議の際、相続人であるお子様方でお話し合いのうえ、お母様に2000万円弱を相続していただくこととし、お母様の相続発生時の相続財産が3000万円弱であることから、お母様は相続税申告が不要となりました。相続人であるお子様方からは、相続税も安くなり、また税理士等に支払う諸費用も安くなったと、大変喜ばれました。

(注) 平成27年1月1日以後の相続等から、相続税の基礎控除額が「3000万円＋600万円×法定相続人の数」に縮小されました。

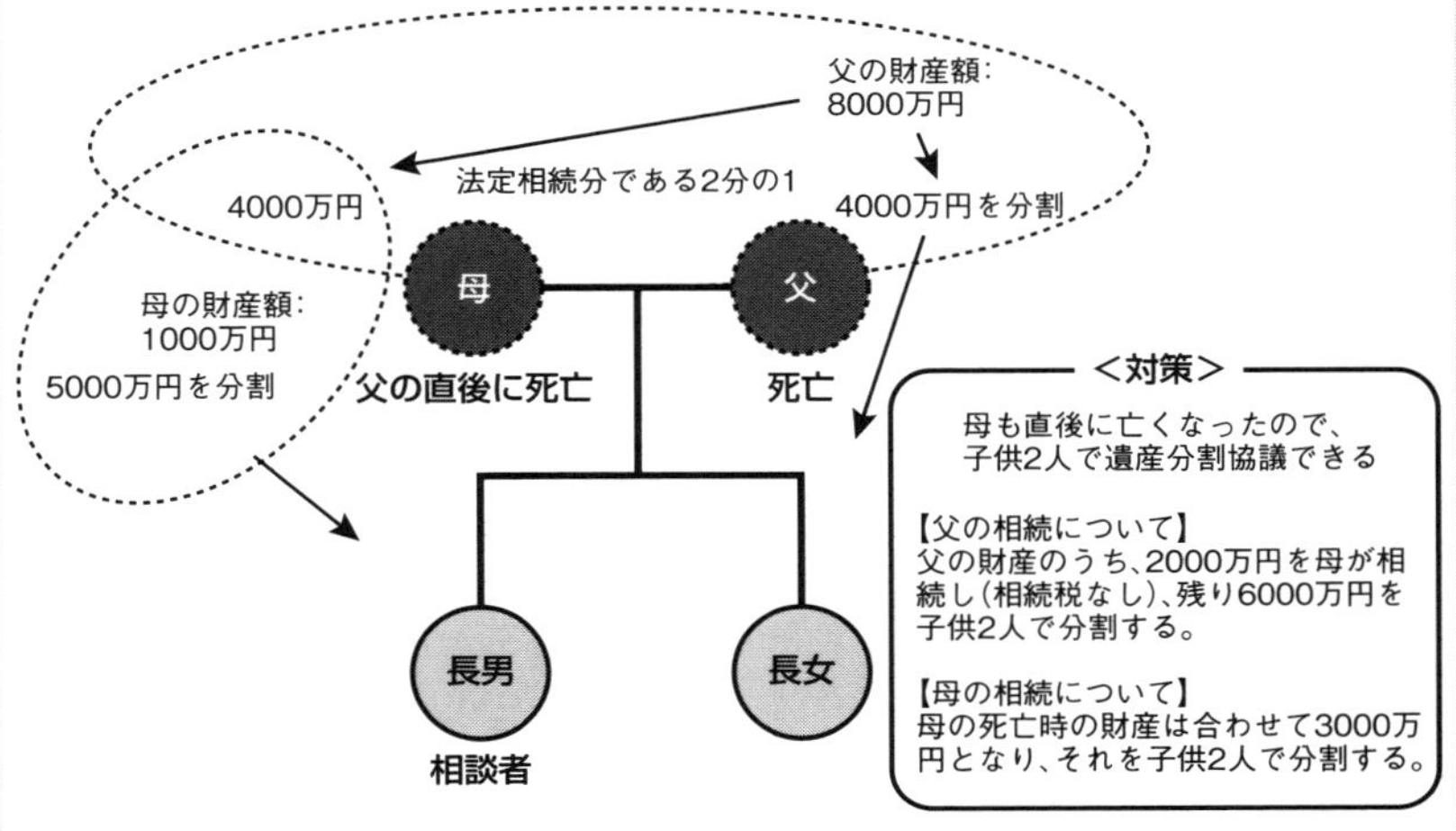
父の財産額:
8000万円
法定相続分である2分の1
4000万円
4000万円を分割
母の財産額:
1000万円
5000万円を分割
母
父
父の直後に死亡
死亡
長男
長女
相談者
＜対策＞
母も直後に亡くなったので、子供2人で遺産分割協議できる
【父の相続について】
父の財産のうち、2000万円を母が相続し（相続税なし）、残り6000万円を子供2人で分割する。
【母の相続について】
母の死亡時の財産は合わせて3000万円となり、それを子供2人で分割する。

事例 60

相続税なんてかからないと思っていた……

Ａさんは幼い頃に子供のいない伯母の養女になり、親子同然で過ごしてきました。大人に成長したＡさんは母親が実は違うことを知らされましたが、Ａさんの実の父母は、健在で親交もありました。

その後、伯母とは近くに住んでいることもあり、度々顔を合わせていましたが、ある日のこと、１人暮らしの伯母が倒れているのを発見し、救急車を呼びましたが間に合わず、伯母は亡くなりました。死因は脳卒中でした。

亡くなった伯母からは、財産はすべてＡさんが単独で相続するものであり、相続税の心配もないと生前に言われていましたが、実際は相続税の納付が必要な金額でした。

伯母が自分の父親から相続した際は、当時の基礎控除が７０００万円であったのに、今回Ａさんの基礎控除は、税法の改正があったことも影響して３６００万円。約半分となってしまいました。税法の改正や法定相続人の数によって相続税の基礎控除額が変わるということを、Ａさんも伯母さんも知りませんでした。

父親から相続した土地に持ち家の一戸建てで、預貯金も合わせ

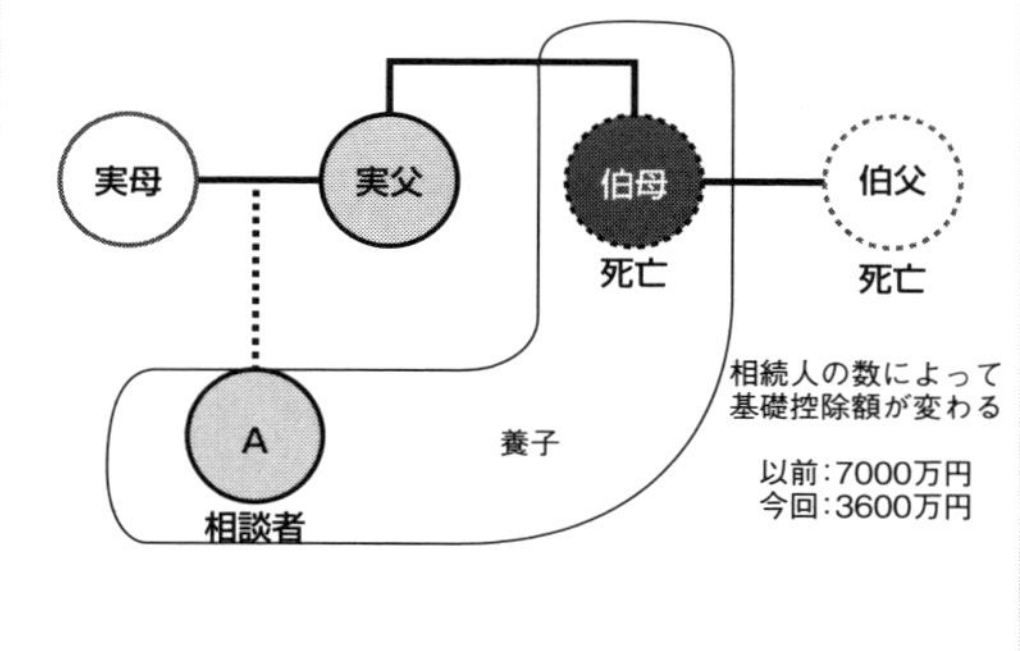

ると、相続税の申告が必要でした。

今回は、単独相続ということもあり、相続した預貯金の範囲内で十分に納税できたので良かったものの、やはり事前に法定相続人を確認したり、基礎控除額をおさえておいたり、財産を把握しておくことは必要なことだと改めて感じました。

事例61　遺産分割のやり直しで贈与税が課税される！

20年前に相談者Cさんは、父親のAさんを亡くしました。

長男であるCさんは、Aさんの配偶者のBさん、長女のDさんとともに、Aさんの相続人になりました。

当時、長男のCさんは、他の相続人と話し合い、「農地をすべてCが相続する」という内容で遺産を分けることで他の相続人の了解をとり、遺産分割協議書へ相続人全員から署名と押印をいただきました。

Cさんは、相続税の発生する額の財産を相続し、相続税の申告と納付もきちんと済ませました。

今回、このCさんが相談に来られました。

Cさんは、20年前に相続で取得した農地の一部について、最近になってDさんからその農地を欲しいと言われ、どうしたものかと悩んでいらっしゃいました。

話を聞かせていただくと、５年前に母親のＢさんが亡くなられてから、Ｄさんがその農地を求めて来られたようです。

Ｃさんによると、「大きな土地でもないですし、うるさく言われるのも嫌なので、譲ろうと思っているのですが、登記もしているので、どうしたらいいのか困っているんです」ということでした。

遺産分割をやり直し、遺産分割当時から、一部の農地をＤさんが、その他すべての農地をＣさんが相続した、とすることはできます。

そして、相続人全員（ＣさんとＤさん）が合意すれば、遺産分割のやり直しは民法上問題はありません。遺産分割協議書を作成し直せば、名義の変更も可能です。

しかし、税務上は問題があります。

税務上、遺産分割のやり直しは、相続により確定した所有権の移転と考えられ、贈与税（又は譲渡所得税）が課税されます。

今回のケースでは、税務上、遺産分割のやり直しでＤさんの取得した農地につき、Ｄさんは贈与を受けたものとして課税されることになります。

一方、農地を贈与で名義変更するには、農地法の許可が必要であるため、登記上の名義変更では、相続のやり直しという形を取りました。

幸い、農地の評価額が低く、贈与税額は少額でしたので、Ｄさんは欲しい農地が手に入るなら、これぐらいの贈与税を支払うことは問題ないということでした。

遺産分割を軽視される方もいらっしゃるかもしれませんが、じっくりと話し合いをされて、納得したうえで遺産分割協議書にサインをしてください。

後から、「やっぱりあの土地が欲しい」と望んでも、他の相続人が話し合いに応じてくれないかもしれませんし、無駄な贈与税を支払うことになる可能性もあるので、注意が必要です。

48. 所得税の準確定申告

故人に所得があれば、確定申告が必要です。

相続人全員からの申告になります。

期限は死亡日から４ヵ月以内です。

１月１日から亡くなる日までの所得について、確定申告をします。

ただし、税金の還付を受ける確定申告は、２年以内にすればいいので、相続人の確定申告の時期に一緒にやれば大丈夫です。

その際に、誰が医療費控除などを使うのが一番得かを考えて申告します。

故人が個人事業などを行っていて青色申告をしていた場合は、「青色申告の承認申請書」を税務署に提出する必要があります。

青色申告の承認申請書は、相続人の間で遺産分割がすぐに決まらない場合は、引き継がない人は後から取り下げることを前提として、とりあえず全員で出しておくことをお勧めします。

期限は原則４ヵ月以内です。ただし、期限の例外もあります。

・死亡の日から4ヵ月以内（死亡の日がその年の1月1日から8月31日）
・その年12月31日（死亡の日がその年の9月1日から10月31日）
・翌年2月15日（死亡の日がその年の11月1日から12月31日）

マンションの家賃収入などがある場合は、年内に分割協議がまとまらないと、家賃収入は相続人全員の所得となるので、相続人はそれぞれ確定申告が必要となってきます。

所得が増えたことになると、社会保険の扶養がはずれてしまうことになることもありますので、できるだけ年内に遺産分割協議を終わらせておくほうがよいでしょう。

近年、マンションの家賃収入など、法定果実は遡及しないという最高裁判所の判例が出ました。遺産分割協議がまとまるまでは、全員が法定相続分で相続していることになります。

また、65歳以上で「要介護1以上の認定」を受けている人が家族にいる場合は、「障害者控除対象者認定証」の交付申請を行いましょう。

この認定証があると、確定申告のときに障害者控除が使えることになり、税金上メリットがあります。この認定証の制度は、あまり知られていなくて、知っている人だけが恩恵を受けている制度です。自動的に出してくれる市役所が増えてきていますが、都市部に行けば出してくれない市役所も多くあります。

世帯の分離と同時に使えば、より有効です。様々な税金は、同一世帯の収入で見られることが多いため、住民税を非課税にできるとメリットは大きいのです。

第3章
生前にしておくべき10の手続き

1. 実印の登録

一般的に専業主婦の場合〝印鑑証明書〟を使用する機会が少なく相続が発生してから急いで登録されるケースが見られます。

相続の手続きのときに、自分のではなく、旦那さんの実印と印鑑証明書を持って来られる人もおられます。

実印は、わざわざはんこ屋さんでりっぱなはんこを作らなくても、市役所に届け出て登録したものが実印となるので、普段使っているはんこでも大丈夫です。

市役所で実印の登録をする際は、顔写真付きの身分証明書（運転免許証・マイナンバーカード・障害者手帳など）があればその場でできますが、ないと時間がかかります。

相続発生時に健常ならばいいのですが、入院して寝たきりになったり、高齢になられて認知症などになられてからの印鑑登録は大変ですから、事前に登録されることをお勧めます。

夫婦の場合、その奥様が自分自身の実印を作っていないケースが多い

家の実印　→　実は夫の実印

相続では、相続人各自の実印が必要

高齢になると、入院や寝たきり、認知症になることも考えられ、新たに実印登録が難しくなるため、その前に自分自身の実印を作っておく

事例62 印鑑登録がされていない!?

ある日、一人の女性（A子さん）が相談に来られました。

北九州にある父（10年前に他界）名義の不動産の相続登記をどうすればいいのか……というご相談でした。

ご家族構成はA子さんの母、妹、弟で相続人は4名で、分割協議はすでに終えていて、相談者であるA子さんが相続することで合意しているとのこと。

不動産は、土地が父名義・家屋が母名義で、土地のみ相続登記が必要でした。

お父様の出生～死亡までの戸籍収集が必要で、相続人全員の戸籍謄本と印鑑証明書が必要であるとお話し、手続きのご依頼をいただきました。

全員印鑑登録もされているようでしたので、「書類が揃えば登記ができますね」とお話をし、A子さんも安心したご様子でした。

ですが、よくよくお話を伺うと、お母様は現在妹さんの自宅で同居をされているということでした。「ご住所はどちらに？」と伺うと、「千葉県の妹の自宅の住所に移したばかり……」と。

「お母様はご住所を移動されてから、印鑑登録をされていますか？」と伺うと、「え？　どういうことですか？　北九州のときにしてあります。」とのお返事が……。

印鑑登録というのは住所地でするもので、住所を移動した場合、その住所地にて登録をしなければならないとご説明すると、驚かれていました。

私たちには一般的なことも、相続人の方々には一般的でないことを改めて実感しました。

お母様は足が不自由で出歩くことが困難なため、妹さんに委任状など必要書類を持って市役所へ行っていただき、お母様の印鑑登録を無事に終え、相続登記も無事完了することができました。「不動産を売却し、今後の母のために使いたい」とA子さんはおっしゃっていました。

2. 少額の預金の解約

少額預金の手続きは、放置されたままになりがちです。

１００円だけの預金などは、手続きしないでそのまま置いておく人も多いです。

例えば、相続人が３人の場合、預金を解約するのに、３００円の印鑑証明書が３人分で９００円、銀行に行くまでの交通費が４００円としたら、合計１３００円かかります。

５００円しか預金がない場合は、マイナスになってまで手続きをする人は少ないです。経験上、５０００円以下の預金は放置されることが多いように思います。

その預金は「休眠預金」と呼ばれています。

東日本大震災の後、その休眠預金を震災復興に役立てることはできないかと、私どもも協力して調査したこともありますが、放置されたままの預金は、積もり積もって何百億円にもなっているようです。

以前勤めていた会社の給与振込口座、銀行との付き合いで作った口座、昔住んでいた住所の近くの銀行などの通帳がないか、確認してください。

銀行が、住所を把握している場合は、利息の通知や、最後の取引をしてから満10年経つ頃にはがきが来ることもありますので、思い出してみてください。

3. 故人名義のままの土地の相続登記

不動産は、先代・先々代の所有者のまま、登記がされていないこともよくあります。山や別荘地など、身内や他人と共有の名義にしている不動産は、先祖代々ほったらかしになっている土地の代表例です。

よく、「不動産の相続登記はやらなければならないか?」と質問されますが、手続きをやらないメリットは何もありません。

ただ、自分が面倒くささから逃れられるだけです。

土地などの不動産はなくなることがないので、いつか誰かがしなければなりません。

末代になればなるほど、相続人の数は増えますし、書類の保存期間や有効期限が切れて、手続きが煩雑になるだけです。

祖父の不動産の相続登記を放置し続けていた方は、相続人の数が47人にも増えてしまい、手続きが完了するまでに2年かかったこともありました。

最悪のケースとしては、相続人の誰かが借金をした場合、登記されていない実家があれば、債権者により代位登記がされて、その持分で代物弁済されてしまうこともあります。

知らない金貸しの名前が、実家の共有者になってしまうことが実際にあります。

やはり、やるべきことはやるべきタイミングで行わないと、デメリットだけが増えることになります。

事例63

先々代のおじいちゃんの土地

Aさんはお父様を亡くされて、相談に来られました。

同居していた自宅の土地が、祖父の名義のままで放置されていたため、どうしたらいいのでしょうか……ということでした。

この土地は昨年度、市道の拡張区域に該当し、市役所からは名義変更手続きをとらないと収納代金の支払いは困難との通知が来ていました。

祖父のときの相続手続きが、まだ終わっていなかったのです。

伯父・伯母に連絡を取ったのですが、伯父は他界しており、従兄とは付き合いもなく、音信も途絶えているので現住所は不明とのことでした。

それでも、戸籍をたどって連絡が取れたのは2年半後でした。

その間、道路拡張の手続きは進まず、近隣に申し訳なかっ

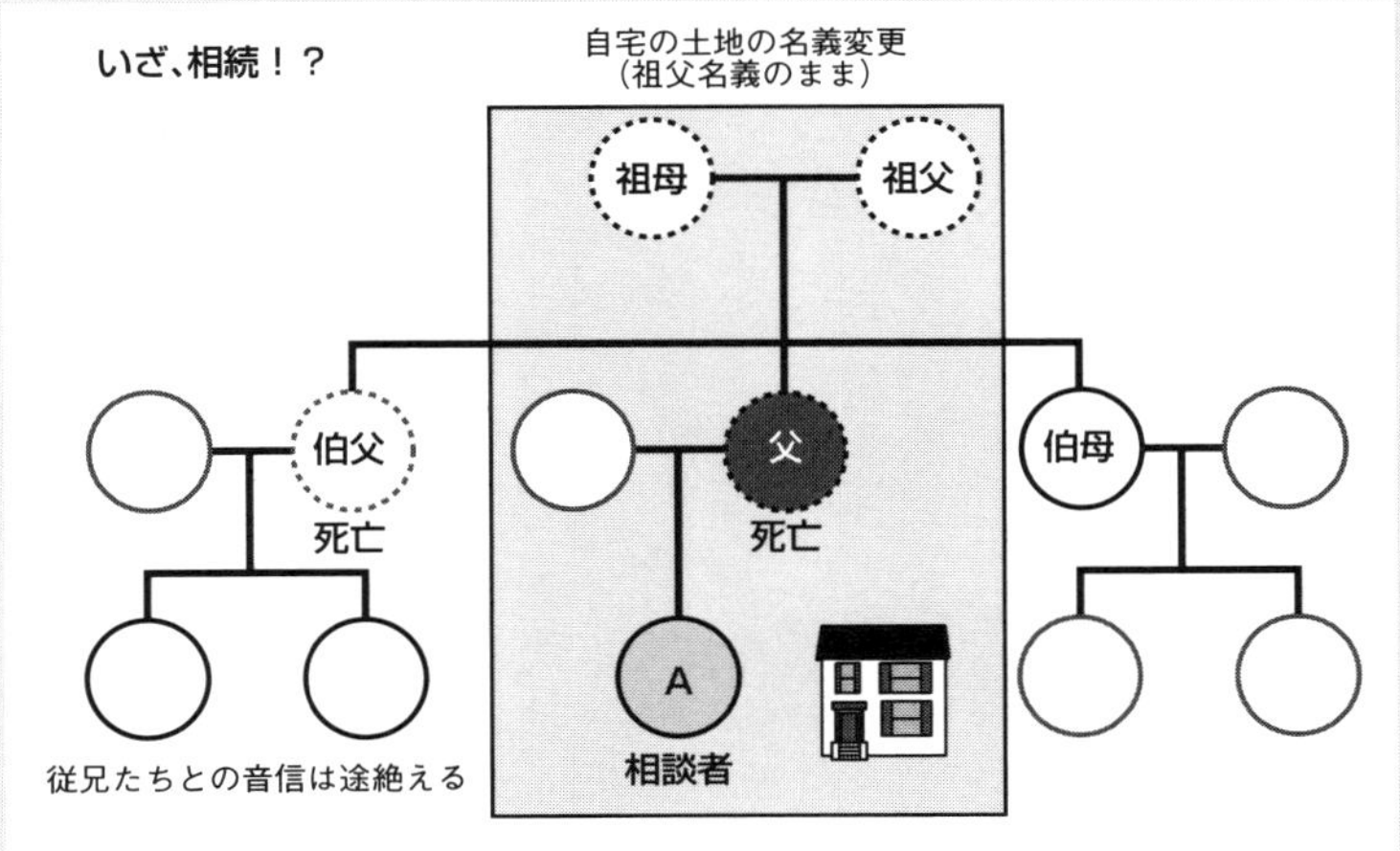

たと恐縮してみえました。

固定資産税は祖父名義で納付されていれば、居住に関してあまり問題が発生することはありません。市役所も、税金を払ってくれている限りは何も連絡してきません。

しかし、売却や収用などのときに、不動産名義が変更登記されていないと大変困難になります。相続発生時には放置せず、そのときに手続きを取ることが大切ですし、祖父など故人名義の不動産は、急いで現所有者名義に登記変更しておくようにしましょう。

4. 兄弟で共有になっている土地の処理

相続のときに、不動産は共有にしないことは大前提です。不動産の名義が、親と子供の共有であればまだましですが、兄弟姉妹で共有になっていることがよくあります。仲の良い兄弟姉妹が所有者の間はいいですが、その中の誰かが亡くなって甥姪が所有者となった場合は、意思の統一ができなくなります。

そうなると、不動産を売ることも貸すことも、自由にできなくなる恐れがあります。街中で見られる一等地が空き地のままになっているのは、このことが原因のひとつになっています。もし兄弟姉妹で共有になっている場合は、複数の不動産があれば共有持ち分の交換、不動産が一つしかなければ、分筆などの手続きをしておくべきです。

事例64

共有不動産の相続

A様が亡くなり、その奥様と長女が相談に来られました。亡くなられたA様は都内に一戸建を所有し、奥様と長女が現在居住しています。登記を見ると、建物はA様と長女の共有、土地はA様と奥様と長女の共有となっていました。相続人は奥様と長女及び長男です。

「父が亡くなったので、建物は私1人だけの所有になるんですよね？」と長女。

長女は共有物件の共有者が亡くなった場合には、他の共有者に故人の持分が帰属すると思っていたようです。

相続人がいない場合には他の共有者に帰属することもありますが、相続人がいる場合は、相続人の共有財産となりますので他の共有者に帰属しません。

長女の単有とするには、相続人間で遺産分割協議を経なければなりません。

「相続を機に、土地も共有を解消して長女の単独所有にしたいんです」と奥様。

しかし、相続に関して権利が移動するのは、亡くなった故人の財産についてだけであり、A様の持分を長女に移転させることはできますが、奥様の持分を相続で移転させることはできません。

別途、奥様と長女の間で、売買か贈与の手続きが必要となります。

相続で奥様の持分が移転するのは、奥様に万が一のことがあった場合です。

奥様のご意向は、売買や贈与などの手続きを経ることなく、奥様が亡くなった後、最終的に土地と建物を長女の単有にさせたいというものでした。

A様の持分の相続については遺産分割協議で長女が相続するという内容で合意いただき、奥様の土地の持分については遺言をご用意されることをお勧めしました。

複数の名前で共有となっている不動産がある場合の相続は、トラブルになる場合も多くありますので、事前の準備をされておくことをお勧めします。

5. 葬儀代金の支払者を決める

葬儀代金を、誰が払うべきかは、法律でははっきりと決まっていません。

葬儀費用を負担する人については、次の４つの考え方があります。
①喪主が負担するという説
②相続人が共同で負担するという説
③遺産から支払うべきという説
④その地域や親族関係の慣習や条理によって決めるべきという説
高等裁判所では判例が出ていますが、最高裁判所では出ていないので、最終的な負担者は決まっていません。現状は、遺産から支払うというケースが多いです。


葬儀のやり方や誰が葬儀代を支払うかで意見が対立すると、遺産の分割の際の話し合いのときにもめるケースがほとんどです。

葬儀は人生最後のセレモニーですが、それにかかる費用を誰が支払うかを決めておくことは、相続争いを防ぐために必要なこととなります。

葬儀代金の支払い用として、生命保険に入ることや、事前に渡しておくことなどがあります。できれば、葬儀の内容や希望を伝えておくほうが、なお良いです。

6．自筆証書遺言から公正証書遺言への書き換え

第1章でも述べましたが、自分で書く自筆証書遺言は、使えなかったり、見つからなかったり、もめごとの原因になったり、使える状態になるまで時間がかかったりします。

下書きとして書くのはいいですが、最終的な遺言は、公正証書遺言で残しておくべきです。

公正証書遺言は、作成の費用は、財産の額や内容にもよりますが、おおよそ5万円から20万円ぐらいの間でできると思います。

死後に、家族に負担をかけないためにも、自筆証書遺言から、公正証書遺言への書き換えをお勧めします。

これまで遺言を書かれた方の作成理由で多かったものをご紹介します。

次の必要性診断リストで、ご自身が当てはまれば、遺言の作成を考えてみてください。

公正証書遺言の必要性診断チェックリスト　（５つ以上→今すぐ　３つ以上→早急に　１つ以上→そのうち）

- □子供がいないので、妻に全財産を相続させたい
- □家業・事業を行っている
- □２回以上結婚している
- □すでに配偶者と死別している
- □妻の生活安定のために多くの財産を相続させたい

□特にお世話になった家族に、かわいい孫に、気がかりな子に贈りたい
□自宅や賃貸アパート等の不動産を持っている
□相続人が2人以上いる
□親と同居している子と、別居している子がいる
□子によって、経済状況に差がある

逆に考えると、遺言を書かなくても大丈夫な人は、子供が1人の人、もしくは資産はすべて現金で、法定相続分での分配を希望している人となります。

特に、お子さんのいない夫婦の場合、相続人は残された配偶者と親・兄弟ということになります。家や土地が遺産に占める割合が多いと、換金して遺産分割をしなければならない最悪のケースにもなりかねません。ご夫婦それぞれが公正証書で遺言書を作り〝全財産を夫（又は妻）○○に相続させる〟とだけ書いてください。

子供さんがおられない場合は、遺言書の作成を強くお勧めします。

事例65

勘当された次男を訪ねて

お父様が亡くなり、相談人は配偶者、長男、次男の３人。

一見問題のなさそうな相続手続きですが、長男さんが言われるには、実は弟は35年前に家を出て

以来、音信不通ということでした。

弟さんの住所を調べて訪問し、お父様がお亡くなりになった事実、長男さんが連絡を取りたいと言っていたことを伝えました。

弟さんとお父様との確執は、お父様が亡くなった事実によっても、簡単に消えることはありませんでした。弟さんは、頑なにお父様の相続手続きを拒んだため、協力を得られるまで半年以上かかってしまいました。

何十年も連絡を取っていない方が相続人になる場合、まず連絡を取ることが大変です。もし、連絡が取れたとしても、その後、相続手続きに協力をしてくれるのかどうかはわかりません。相続はお金が絡むお話になりますので、難航することが多々あります。

今回のように、連絡が取れなくなった理由が喧嘩、勘当などの場合は、兄弟・親子の確執が手続きを難しくすることもあります。

このような相続人がいる場合は、「遺言」、特に「公正証書遺言」によって、相続財産を誰に相続させるのかを予め指定しておくことが有効です。

公正証書遺言があれば、相続人全員で話し合いをする必要や、相続人全員の署名押印を揃える必要がなくなるからです。

7. 連れ子の養子縁組

どんなに仲が良くても、どんなに長い月日を一緒に過ごしても、残念ながら、後妻（夫）の連れ子には相続権は全くありません。

介護や身の回りの世話をどれだけしても、遺産は何も相続することはできません。

血の繋がりがないからです。

解決方法はただ一つ。

養子縁組をすることです。

離婚・再婚の経験がある人は、養子縁組をしているかどうか、事前に確認しておく必要があります。

逆に、前妻（夫）との子供には相続権があります。

離婚されて、子供さんが前妻に引き取られている場合はその後の交流が途絶え、相続発生時には居所が不明で連絡がとれなく、大変苦労される場合があります。

事前に子供さんたちに、お話されておくことは大事です。

事例66

相続人が相続人でない？

Aさんは実父Bさんが亡くなった後も、後妻である母親Cさんと仲睦まじく生活していました。

Cさんが亡くなり、相続手続きのため出生から死亡までの戸籍を取得してびっくり！

父の再婚以降、CさんとAさんとの間で養子縁組がされておらず、Aさんが相続人でないことがわかりました。

相続人はCさんの兄弟姉妹7名でした。

50年以上も実の母子のように暮らしてきたため、相続人全員がAさんに同情し、相続放棄をすることになりました。

その結果、Cさんには1人の相続人もいないこととなりました。

相続人がいない場合の相続財産は国庫に帰属することになりますが、故人と特別な関係にあった人が財産を引き継げる方法として『特別縁故者』という制度があります。

今回、Aさんは、この制度を利用して、家庭裁判所に申し立てをし、家庭裁判所からの審判で、AさんはCさんの『特別縁故者』であることが確定しました。その結果、不動産と預貯金で約2000万円相当の遺産をAさんが取得する運びとなりました。

近年では離婚再婚をする方が増えています。

養子縁組をしていなかったり、遺言書がないことで思わぬトラブルを招くことがあります。まだまだ先のことと思わず、相続についても真剣に考え、準備をすることが必要です。

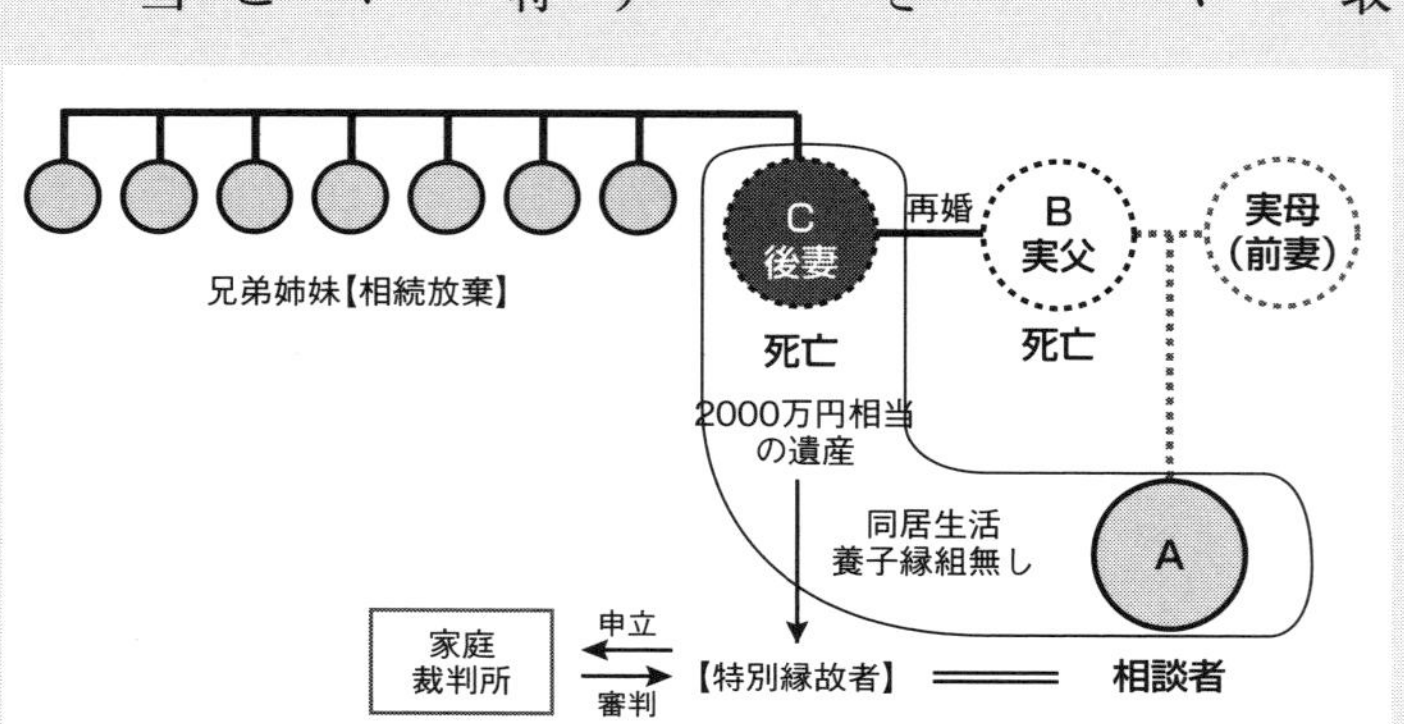

第1章
第2章
第3章
第4章

事例67

相続権がなかった「長男」

お父さんがお亡くなりになられたAさんが相談に来られました。

相続財産としては、農協にある預金と保険が少しと不動産のみ。

ただ、亡くなられたお父さんには、前妻があり、子供もいたようで、「相続はどうなるんだろう？」と不安気な様子でした。


早速、相続人が何人いらっしゃるのかを調べていきました。すると……

とても意外な事実が判明しました。

それは、相談者のAさんは、実はお母さんの連れ子で、亡くなったお父さんとは直接の血のつながりがなく、相続権を持たない子供だったということです。

小さい頃にお母さんが再婚して、一緒に暮らすようになり、その家の長男として育てられたAさん。

Aさん自身も、その事実は知っていたそうですが、当然養子縁組もしてあると思っていたようで、他の兄弟たちも長男として相続を取り仕切ってくれているという認識でいたようです。

Aさんには相続権がない旨の説明をさせていただいたとき、さすがにAさんは「お父さんは養子縁組をしてくれていなかったのか」と落胆気味でした。

もちろん家族もびっくりされていました。

すると、他の兄弟が、「それでもお兄ちゃんであることに変わりはない。なんとかお兄ちゃんに、この家を相続してもらう方法はないか?」という話になりました。

結局「遺産分割協議で、お母様がすべてを相続し、お母様の相続に関する相続権はAさんにもあるので、お母様が将来お亡くなりになられた場合には、Aさんも相続する」ということになりました。

最終的に、お父さんの前妻のお子様も、「父とはもう数十年も顔を見ていないし、そちらの財産を受け取る気持ちもないので、相続は放棄します」とお話があり、家族全員の同意のもと、お母様がすべてを相続することで手続きを行いました。

「自分には相続権がある」と思っていても、戸籍などできちんと調べてみないと確定できないということ、そして、連れ子だという認識があるなら、養子縁組がされているかどうか、ご両親がご健在のうちに確認しておくことはとても大事なことです。

通常ならば、このような問題が起きれば、これまでの家族関係が崩れ、もめてしまうのも仕方がないところですが、より一層家族の絆が深まったように感じられたご家族でした。

それは、長男さんとご家族とが深い信頼関係を築かれてきた、その賜物であると思います。

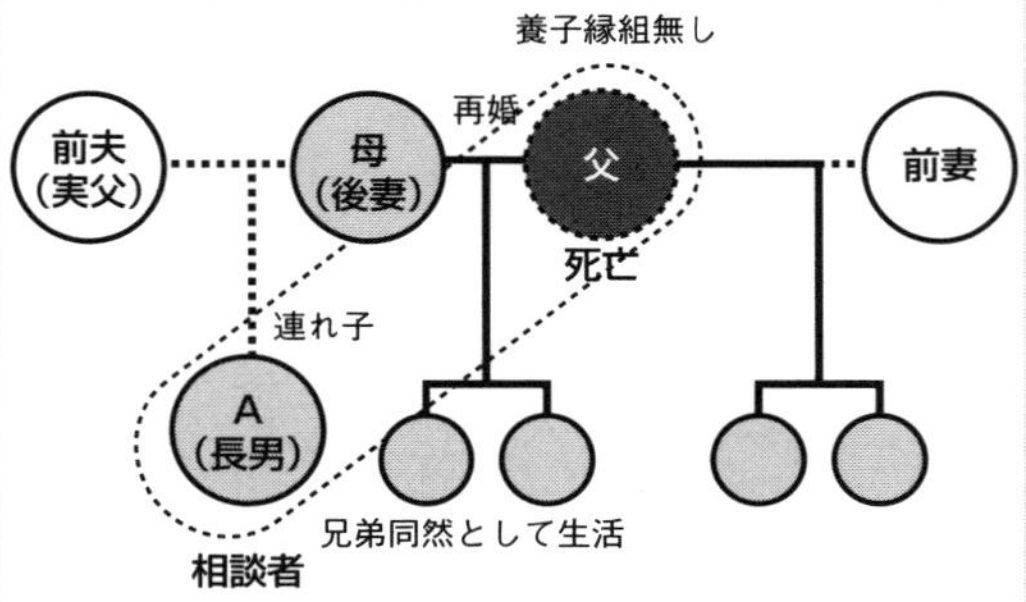

【遺産分割協議】
母がすべてを相続し、将来には母のすべての子が相続権を有することに。
父の前妻との子は相続放棄。

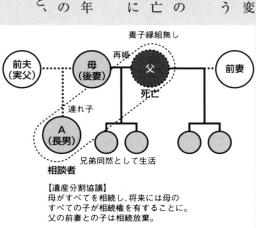

事例68　養子離縁

清水達子さんは実子がなく、Aさんと養子縁組を行っていました。

今年の1月にご主人を亡くされました。達子さんは簡単に相続手続きができると思っていましたが、そう簡単にいきませんでした。

Aさんは15年前に亡くなっており、子供が3人いました。達子さんにとっては孫にあたります。しかし、Aさんの妻と達子さんは、Aさんの生前から非常に折り合いが悪く、Aさんが亡くなって以来絶縁状態でした。達子さん自身も「縁を切ったから関係ない」と言っていましたが、Aさんは養子のままでしたので、ご主人の遺産分割協議書にAさんの子供たちの実印が必要でした。住所の確認から行い、半年以上かかりましたが、無事遺産分割協議も終わり、相続手続きも完了しました。

このまま養子縁組を放置すると、達子さんが亡くなった時にまた同じ問題が生じますので、養子離縁を行ったほうが良いと提案しました。達子さんは「Aは亡くなっているのにそんなことできるの？」と驚かれていました。

死後離縁の手順

1．管轄の家庭裁判所に申し立てる。
必要書類：養親の戸籍謄本、養子の死亡記載のある戸籍謄本、申立人の認印、本人確認書類、収入印紙

2．管轄の家庭裁判所にて審判。本人からの事情聴取を行い問題なければ結審。

必要書類：申立人の認印、本人確認書類

3. 14日後に確定証明書が発送され、申立人に届く。

4. 確定証明書に記載されている裁判の確定の日から15日以内に養親の本籍地の市区町村役場に離縁届を提出。
必要書類：養子離縁届・養親の戸籍謄本、養子の死亡記載のある戸籍謄本、養親の認印。
養子離縁届に証人2名の署名・認印押印が必要。

5. 約2週間後に戸籍に記載が完了。

以上の手続きにより、無事離縁が成立し、達子さんは安心されました。

8．保証人の確認と整理

お金の貸し借りをしている場合は、注意が必要です。

誰にいくら借りているのかを確認して、相続放棄をするかどうかを判断します。

しかし、怖いのは、故人が保証人になっていた場合です。


保証人になっていても、契約書のコピーを保存している人は少数です。

さらに、保証債務は、亡くなってから何年もした後に、突然債務が確定することがあるため、相続人が借金の取り立てに追われることになる場合があります。

会社の経営者や役員、個人で事業をやっている人は、保証人になっていることもよくあります。会社の借入金の保証人になっている場合です。

保証人になっている場合は、誰のいくらの保証人になっていて、最悪の場合、いくらの借金を返さなければならないかを、事前に家族にきちんと伝えておきましょう。

保証人は、亡くなってからも家族に迷惑をかける代表的なものです。

経営者や役員の場合は、会社への貸付金や出資金を、毎決算期には確認しておきましょう。

会社への貸付金は、1年ごとでは少額でも、何十年も経てば、数千万円になることは珍しくありません。

会社がお金を返してくれればいいですが、残念ながら、中小企業の場合は会社から返してもらえないまま、経営者が亡くなることがほとんどです。

しかも、その貸付金は、１円のお金にもならないのに相続財産になってしまいます。


対応策としては、次の方法があります。

会社が赤字であれば、債権放棄をしてください。

その際、免除益が出るので、それが会社の収入となりますが、赤字か繰越欠損などがあれば、法人税を払わなくても済みます。しかし、黒字の会社の場合は、免除益が利益となりますので、法人税が増加します。

法人税と相続税の税率を比較して、判断する必要があります。

ぜひ、決算書を確認して、現状会社との貸し借りがどうなっているか確認してみてください。

事例69 保証人となっていた父

相続が発生して、相談にみえる案件で多いのが、故人の負債問題です。

負債、つまり借金です。

これは遺産を上回る額であれば、相続放棄の手続きを取ることになりますが、〝保証人になっている場合〟つまり保証債務については相続発生時に明確でなく注意が必要です。

中小企業の経営者の場合、銀行からの借り入れに際し個人保証していることが多々あります。

相続時には会社の取引銀行に借り入れ状況や保証人になっているかどうかを問い合せして、現状を正確に把握しておくことが大切です。

財産分け、つまり分割協議を開始してしまうと、債務を含めてすべてを相続するという意思表示になってしまいます。

保証債務の場合には、相続時点では確定した債務ではありません。

後日、債務者が支払不能になった時点で保証人に履行を求められる状況になり、負の財産となります。

相続時に故人が保証していることが判明していれば、その事態となった時には、相続人全員の連帯債務となりますので、保証債務の事実をご家族に、すべて明らかにしておくことが大切です。

保証債務については、いつ表面化するかわからない、時限爆弾のようなものです。

特に、生前から保証人になっている事実と内容をご家族に伝えておくことをお勧めします。

9. 遺言書の内容が、実行可能なことかどうかの確認

もし遺言書を書かれているとしたら、内容が実行可能かどうかを確認する必要があります。

特に、一筆の土地を分筆して兄弟で分けるという内容になっていれば、注意が必要です。

なぜなら、分筆をするのは、近隣の方の同意がなければできない場合があるからです。

いくら遺言書に書かれていても、実行できなければ、意味がありません。

土地を分ける内容の遺言書を書くのであれば、事前に分筆登記をしておきましょう。


また、金額を明示して、相続させる人を決めるのも、避けたほうがよいです。

例えば、「長男には２０００万円、次男には１０００万円相続させる」というものです。

今現在は、それだけの預金があると思いますので実現は可能ですが、将来、認知症になって有料老人ホームに入らなければならない場合、多額の入居一時金で、預金をほとんど使ってしまうこともあります。

遺言の内容が、実現できない状態になっても、認知症になっていれば書き直しをすることもできません。

その場合は、長男に２０００万円、次男に１０００万円渡すことができません。

金額でなく、割合で書いておいたほうがよいでしょう。

10. 不動産や動産の査定と処分

第1章でも書きましたが、不動産の価格は、評価するところによって違います。固定資産税の評価額や、路線価格で計算した値段と、実際の売買価格が大きく違っている場合があります。

それは、道路がついていなかったり、再建築ができないような土地が代表例です。田や畑や山林など、なかなか買い手がつかない土地や、地元の人以外が買わない土地や、長い間全く利用されていなかったような土地も同じです。

生前のうちに、実際に今売却すればいくらの値段で売れるのかという、査定書を作っておくべきです。

その査定の際に、売却困難であることがわかったり、様々な条件が付いていることが判明することがあります。価格を把握しておくことも大切ですが、不動産をいつでも売却できるような商品としておくことも重要です。売りにくい不動産は、査定の金額に納得がいけば、できるだけ生前に処分しておくことをお勧めします。

また、動産についても同じことが言えます。

使っていないゴルフ会員権や、リゾート会員権、フィットネスクラブやジムの会員権などが代表例です。絵画や茶道具、美術品も、生前に査定を取っておくことは、家族への温かい心遣いでしょう。

相続とは別ですが、身の回りの要らないものを整理しておくことは大切です。

コツとしては、次の３つの段ボールを用意することです。

①要るもの用
②要らないもの用
③どっちかわからないもの用

整理をしていくと、おそらく③のどっちかわからないもの用の段ボールが一番多くなると思います。いっぱいになったら、そのまま蓋をして、1年か2年しまって置いてください。一度も開かない場合は、おそらく必要ないものですので、それから1年経ったら処分してください。特に、写真やＣＤやＤＶＤや服などは、整理しておくことをお勧めします。


このような終活に役立つのが、エンディングノートです。

金銭的価値のある物は遺産として相続の対象ですが、子供や嫁・孫などに伝えておきたいこと（我が家の宗派・家紋……また、葬儀の形式の希望や通夜などを連絡してほしい人のリストなど……）はノートなどに筆記されておくことが大切です。

1冊は目を通して、書き始めてください。今後の人生が、さらに充実したものになるはずです。

事例70　自宅の土地の一部が他人の名義だった

Ｃさんは、自営業を営んでおられた夫を亡くし、相談に来られました。

「一時は商売もうまくいっていたので、それなりに財産がありそうだから、相続税が心配だ」とのことでした。

早速、財産の確認と調査を行ったところ、相続税の申告も必要でしたが、自宅の土地を調べていくうちに、つじつまの合わないことが出てきました。

図面を見る限り、自宅が3つの土地の上に建っていたのですが、そのうち、真ん中の土地（3坪ほど）が、亡くなったご主人の名前ではなかったのです。

Cさんに、他人である所有者のDさんのお名前と、事情を説明いたしましたが、「主人から聞いたこともないし、全く聞き覚えがない。人の土地の上に自分の家が建っているなんて信じられない」とのことでした。

とりあえず、ご主人の相続に関する手続きを進めていきながら、同時にDさんの調査を行政書士に依頼し確認してもらったところ、思わぬ事実が判明したのです。

Dさんは、亡くなったご主人の養母の元義父に当たる方だったのです。

ご主人の養母さんは、若いころ結婚されてましたが、いろいろな事情から離婚をされ、ご主人を養子として迎えられて、Cさんの家を継がせたのだそうです。

そこで、司法書士と相談し、そのDさん名義の土地をCさんの長男に名義変更できるかどうか、検討をしてみました。

すでに50年以上もその土地にお住まいになられ、時効取得による方法もありましたが、その土地の相続税評価額が１００万円以下であることと、時効取得の場合に一時所得とみなされ課税されてしまうことがデメリットになるということで、Ｄさんの相続人４名に連絡を取り、贈与していただくことになりました。

最終的にＤさんの相続人のＥさんに名義を変え、ＥさんからＣさんの長男への贈与を行い、不動産登記の名義変更を行いました。

手続きが終わったとき、Ｃさんは「まさか、こんなことになっているなんて、主人が死んでしまうと、どうなっていたのかわかる人がいなくなって困りますね。でも、思った以上にスムーズに進んで良かった」とおっしゃっていました。

ご自分の財産には、どのようなものがあり、どんな状態にあるのか、きちんと家族に残すことが大切です。

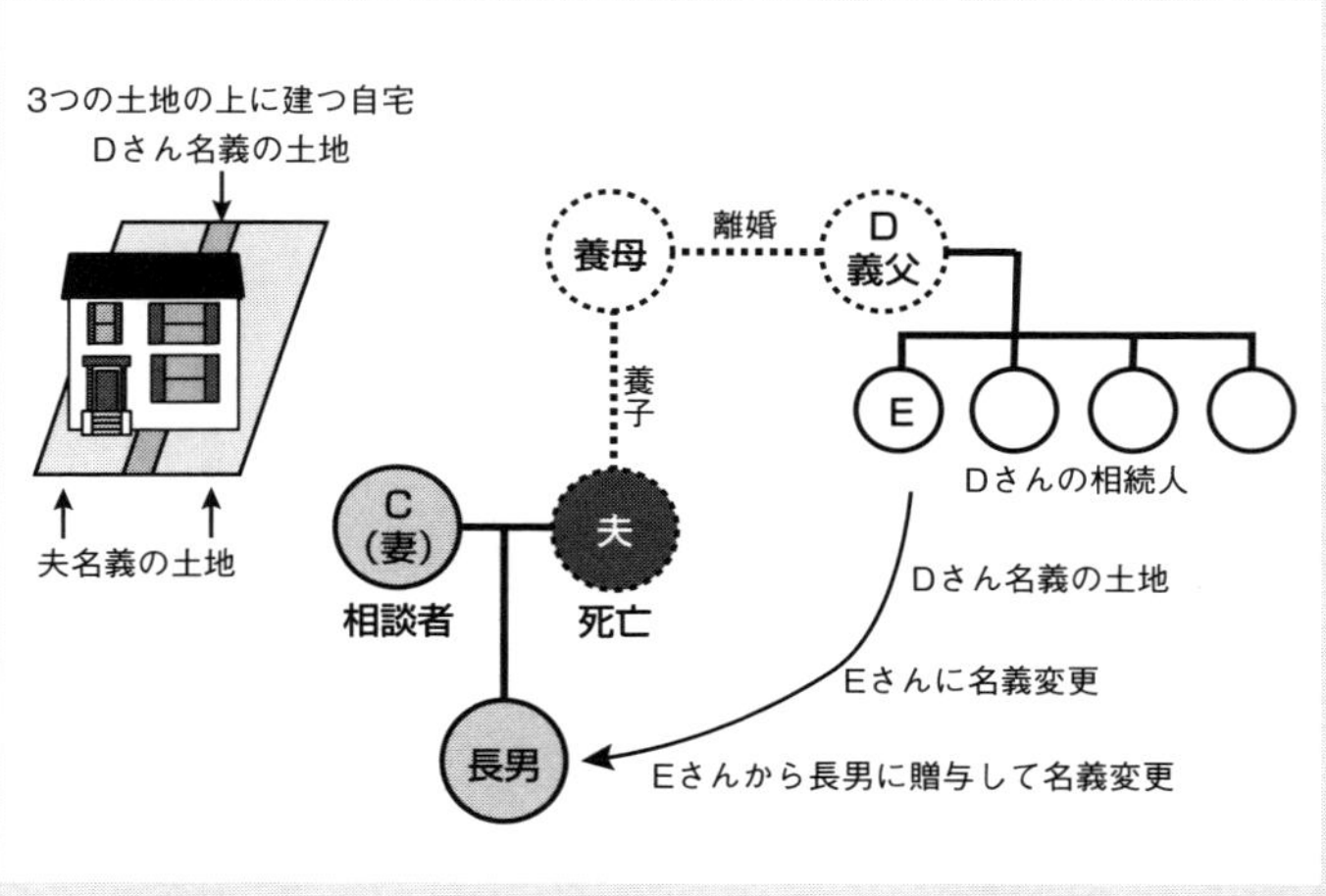

事例71　「遺言」は作れなかったけれど

Aさんはガンに侵され、自分の死期を考えて遺言を作りたいと相談に来られました。

大まかにどのように財産を妻や子供たちに分けたいかということは、以前にエンディングノートの中に書いておられましたので、その内容に沿って、Aさんの体調が良いときに少しずつ遺言を作るお手伝いをさせていただいておりました。

しかし、病状が急変し、遺言を完成できぬまま、お亡くなりになられました。

その後、Aさんの妻から、Aさんの相続の手続きの依頼を受けました。

遺言が完成できず、遺言書がなかったので、Aさんの妻とAさんの子供たちで分割協議による相続手続きを行うことになりました。

Aさんの妻の手元には、Aさんが書かれた「エンディングノート」がありました。

そのおかげか、エンディングノートの内容に沿って、ご家族は迷うことなくスムーズに手続きを終了させせました。

手続きなどいろいろな面で法的効力がある「遺言書」（特に公正

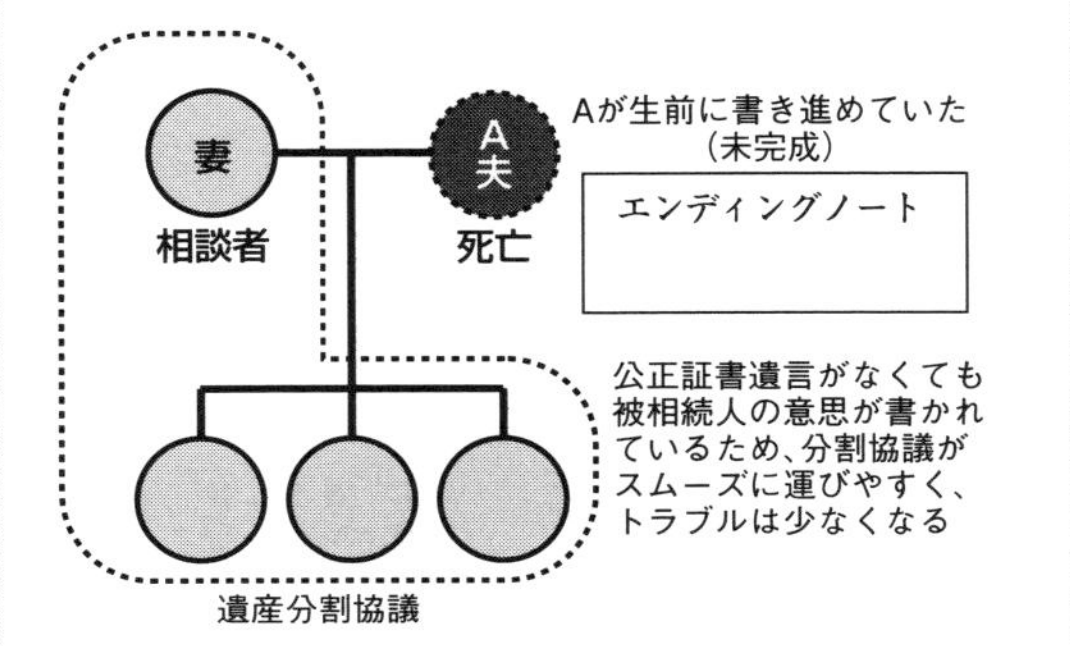
妻
相談者
A夫
死亡
Aが生前に書き進めていた（未完成）
エンディングノート
公正証書遺言がなくても被相続人の意思が書かれているため、分割協議がスムーズに運びやすく、トラブルは少なくなる
遺産分割協議

証書遺言）とは違って、「エンディングノート」には法的効力はありません。

しかし、今回のように突然亡くなられた場合、「エンディングノート」の中には、「書かれた人の気持ちが確かにあらわれている」唯一のものなので、残されたご家族にとって、「故人の意思を尊重する」ものにもなるのでしょう。

遺言を書かれる前に、まず自分の身辺を整理するノートとして、「エンディングノート」を書かれる方も増えております。

事例72

遺されたコレクションの品

木下さんは、お父さんを亡くされ、相続の手続きの依頼に来られました。相続人は、お母さんと娘の木下さんの２人だけでした。

手続きを順次進めていたとき、木下さんより、「お父さんが生前から家にある金庫を気にしていた」と聞き、金庫を開けてみると中には切手シートや記念切手、記念硬貨や古銭の数々が大量に出てきました。

木下さんのお父さんは、商売をしており、お客さんからもらうお金の中に珍しいものがあると、それをとっておくなど、切手や記念硬貨を集めることが好きだったようです。

木下さんとお母さんは、そういうコレクションの存在すら知らず、亡くなったお父さんが生前に金庫を非常に気にしていた原因がやっとわかりました。

木下さんとお母さんは、お父さんと違い、そういう趣味を持っていませんでしたので、むしろそういうものを見て、「処分を考えるとぞっとする、早く目の前からなくしてほしい」と思っていました。

そこで、遺品整理業者にそれらコレクションの品を換金化するお願いをしました。切手シートや記念硬貨だったのですが、プレミアはあまりつかなかったものの、スムーズに換金することができ、木下さんとお母さんには、非常に喜んでいただき、安堵の表情でした。

亡くなった方が、何かの趣味で物をコレクションするというのはよくあることです。今回のようにそのコレクションの品が、遺された方にとっては、負担になることもあります。生前のうちに物のコレクションについても処分したり、コレクションの存在を遺される方に知らせておくなど、何かしらの準備をしておくことが、遺される人の負担を減らすことになります。

第4章
自分で手続きをするときに失敗しない方法

失敗しない方法　その1

最後に、ご自身で相続の手続きを進める場合に失敗しない方法をお伝えします。
これまでに読まれてきたことを知識として入れながら、実際に手続きを進める際の参考にしてください。
ここからは、これまでの説明形式とは少し文体を変えて、アドバイス形式でお伝えします。

■まずは森を見て、それから木を見る

相続の手続きといっても、実に様々な手続きがあることは、これまでに述べてきました。でも、それは当然です。

相続の手続きとは、その人が一生かけて社会生活を営んできた総決算ですから。

手続きの進め方としては、「気がついた手続きを手当たりしだいすればいい」では、失敗する可能性が高くなります。

まずは、相続の手続きを始める際に、どんな手続きが必要なのか把握してからスタートしてください。

手続きを始める前にしなければならないことは、大きく2つのステップに分かれています。

・ステップ1　……一覧表を手に入れる（本書6～8ページ）
・ステップ2　……自分に必要な手続きを把握する

■ステップ①……一覧表を手に入れる

まずは、相続の手続きが一目でわかる一覧表を手に入れてください。

例えば、旅行に行くときでも、行ったことのないところに行くためには、必ず地図が必要です。

地図がなければ道に迷ってしまいます。

迷えば人に聞かなければなりませんし、遠回りをすることにもなります。

最短距離で行くためにも、間違わずにたどり着くためにも必ず地図は必要なのです。

相続の手続きの場合、この地図に変わるものが一覧表です。

書式は様々なものがありますが、自分が一番わかりやすい一覧表を見つけてください。

この一覧表があるかないかでは、今後の手続きの処理スピードが断然違ってきます。

本書の冒頭（6～8ページ）にも、資料としてつけておりますので、参考にしてください。

一覧表が手に入れば、最初の壁はクリアできました。まずは、ひとつの道具が手に入ったのと同じです。

森全体を見ることができました。

■ステップ②……自分に必要な手続きを把握する

森全体を見ることができた後は、一つ一つの木を見ていくことになります。

手続きの内容を順番に確認していきます。

そして、自分がしなければならない手続きを、書類を参考にしながらチェックしていきます。

ここでひとつヒントがあります。

関係がありそうな書類を見つけてください。

やらなくてはならない手続きを簡単に見つける方法。

それは今まで故人様が関係してきたところを確認することなのです。

書類が整理されていることはまずありません。

家の中のいろんなところに隠れています。

机の中、仏壇の中、車の中、テレビの下、たんすの中、レターケースの中、ファイルの中などなど……。

今後の一番のヒントになるのがこの書類です。

請求書であったり、契約書であったり、故人が社会生活を行ううえで必要としてきた手続きの大体がこれでわかります。


次にその書類を元に、一覧表をチェックしてください。

一つの項目を、最低2回は確認してください。

一つ一つの手続きを確認していくと、見落としが少ないということはおわかりいただけたと思います。

では、一覧表をチェックするだけでどんな手続きもすることができるのか？

残念ながら、そうはなりません。

一覧表の中には、今まで聞いたことのない言葉がたくさん出てきます。でも、これは仕方がないことです。

一覧表の作成者は、誰でも同じだと思うのですが、できるだけ簡潔に表現しなければならないのですから、どうしても専門的な用語を使わざるを得ない場合があります。

ここで注意してもらいたいのは、漢字から推測をして、この手続きは終わっていると頭の中で整理しないで欲しいのです。

自分だけで判断すると、失敗する原因になります。

意味がわからない手続きは、わかる人に確認してください。

納得するまで聞いてください。

しなければならない手続きが大体わかれば、今度は実際に一つ一つの手続きをしていくことができます。

ここで一度やってみてもらいたいことがあります。

例えば、鳥になった気分で、空から地上を見下ろすように、手続き全体を見渡してください。

そして、まとめてできそうな手続き、簡単そうな手続きを感じてください。

自分でできそうな手続き、相談しないとできない手続きを分けてください。

優先順位をつけるためにも、途中でいやにならないためにも、最後までやり通すためにも、お勧めいたします。

さあ、これで、これからやらなければならない手続きがはっきりとしたのではないでしょうか。

それでは、実際に次のようなことに気をつけて、手続きを行っていきます。

失敗しない方法　その2

■4つの魔法の質問

まずは、自分でできそうな手続きをまとめて行います。

添付の一覧表や領収書などを見て、これから手続きをしなくてはいけない窓口の連絡先を探して、まずは電話をしてください。

何のために電話をするのかと言いますと、あなたが今からやろうとしている手続きに見落としがないかどうかを、相手と一緒に確認するためです。

それは例えば、書類の数や種類や書き方だとか様々なことがあります。

——スムーズに手続きを行うためのはじめの質問——

■魔法の質問　その1

「すみません、確認したいことがあってご連絡したのですが。実は○月○日に家族の○○が亡くなりまして、相続の手続きを行いたいのですが」
「必要な書類を教えてもらえないでしょうか?」

このように聞くと、相手がいろいろと質問をしてきますので、それに正確に答えてください。

そうすると、どんな手続きにどのような書類が必要なのかがわかります。

聞き終わると、そのまま電話を切らないで、もう一度こう聞いてください。

■魔法の質問　その2

「○○の手続きをするために必要な書類は○○と○○ですね。これだけ持って行けば1回で手続きが終わりますね」

「念のためお名前をお聞かせいただけますでしょうか?」


このように名前を聞かれると、担当者は責任が出てきますので、お互いにもう一度確認することができます。

同じ手続きのために、何度も同じところに行くことを防ぐ効果があります。

これまで「何度も同じところに足を運ばなければならなくて、途中でいやになった」という言葉をよくお聞きしました。

時間的にも気持ち的にも、一度で手続きは終わらせてしまいたいものです。

電話で書類を確認できた後は、その書類を揃えて、手続きをするところに行くことになります。そして手続きを行います。

ここで、一つ注意していただきたいことがあります。それは、「原本を渡さないこと」です。どこでも、手続きを行う際に戸籍や死亡診断書などの原本を提出してくださいと言われます。もらうほうはそのほうがいいのですが、渡すほうはそのたびに原本を用意しなければなりません。戸籍謄本などは、1通450円、除籍謄本は750円、死亡診断書は1通3000円ぐらいかかることもあります。

基本的に、それぞれの手続き先はコピーでも手続きはできるのです。どうしても原本が必要となる手続きは、全体の10％程度しかありません。あとの90％の手続きは、コピーでも大丈夫なのです。

原本を担当者に渡して、必要なところだけコピーを取ってもらって、現物は返してもらうように心がけてください。

■魔法の質問　その3

「他の手続きでも必要なので、原本は返してもらえませんか」

と、伝えるだけでほとんどの場合返ってきます。

どうしても返してくれない場合は、このように聞いてみてください。

「ほかでも必要なので返して欲しいのですが、確認してもらえませんか」

担当者の判断ではなく、上司の判断を仰ぐことによって、返ってくることも多くあります。

現場の担当者は、できるだけ原本のほうが、コピーも取らなくてもいいし、原本でなくてはならないという思い込みもありますので、できるだけ原本を欲しがります。

少しでもお金と時間を節約されたい方は、無駄を省き原本はできるだけ返してもらうようにしてください。


もう一つ、ほかではあまり知られていない事実を、お話しておきます。

それは、担当の窓口の人が、相続の手続きを完璧には知らないということです。

これは冷静に考えてみれば、あたりまえのことです。

前にも書きましたが、一般的に相続の手続きのことは、あまり知られていないというのが一つの原因です。

そして、窓口の担当者も、「異動」というものがあります。ずっと相続の手続きばかりをしている人は、ほとんどいないと思っていいでしょう。

相続の手続きに詳しくない人に、担当してもらうとどうなるか……。

電話で「この書類が必要です」と言われて、実際窓口に行くと「やっぱりこの書類も必要です」。

追加書類を揃えて持っていくと「すみません。もう一つ必要な書類がありました……。この書類も持ってきてもらえませんでしょうか」と、同じ手続きをするために、3回も4回も足を運ばなくてはなりません。

もちろん窓口の担当者も、仕事ですから、きちんと1回で必要なものを伝える必要があります。

でも、責めないであげてください。たまたま、初めての相続の仕事であるかもしれません。就職して初めてかもしれませんし、異動してきて初めてかもしれません。

あまりよくわからないかも知れませんが、わかりませんとは言えない立場にあるのです。

こんな場合、こちらがイライラしなくて腹も立てない方法が一つだけあります。

とても簡単です。

窓口の担当者にこう聞いてみてください。

■魔法の質問　その４

「相続の手続きに詳しい人をお願いしたいのですが」


簡単です。このように聞くだけでいいのです。

そうすると、相続に詳しいベテランの人が担当してくれます。

一度に必要なことを説明してくれますので、何度も足を運ばなくて済みますし、イライラすることもなくなります。また、窓口の担当者も、どうしていいかわからなくて困ることもなくなります。

あなたが、一言聞くことによって、スムーズに短期間で手続きが完了する可能性が高くなるのです。

聞くことに勇気なんて要りません。

あなたのためにも、相手のためにも聞いてみてください。

ここまでをまとめると、

・電話や窓口で言われたことは、必ずメモをとる。
・そして担当者の名前も控えておく。
・原本はできるだけ返してもらうようにする。
・相続の手続きに詳しい人に担当してもらう。

また、戸籍謄本と死亡診断書は、少し余分に取っておいてください。

この二つは必要になる場合がとても多いです。

先にも述べましたが、相続セットは3セット準備しておくと安心です。

以上のことに気をつけて、自分でできそうな手続きは、順番にやってみてください。

きっとスムーズにできると思います。

しかし、聞いたこともない手続き、見たこともない専門的な言葉、とても自分ひとりでは時間がかかりすぎてしまう手続き、というものが当然出てきます。

こんなとき、どうすればいいのか。

誰に相談すればいいのか。

どこに相談すればいいのか。

きちんと相談に乗ってくれるのか。

こんな悩みを解決する確実な方法があります。

失敗しない方法　その３

■どこに相談すればいいのか

実を言いますと、私どもも、相続手続きの相談に乗っていますが、本書を読んだ方に、私どものところで相談を受けてくださいとお願いするつもりはありません。

確かに、私どもにご相談いただければ、心からうれしいです。

しかし、私ども以外にも、真面目に相続の手続きを行ってくれるところはたくさんあるはずです。ただ、最後に決めるのは、あなたなのですから、しっかりとした判断基準を身に着けることが重要なのです。

まずは、私どもがどうやって相談に乗り、手続きを行っていくのか、それを知ってください。

あなたが相談する人を選ぶ際に、どんなことをどういう方法で行ってくれるのか説明してくれるはずですから、その部分を比較することで、あなた自身が判断できるようになるはずです。

市役所等での無料相談をはじめとして、日本中で相続の相談ができるところはいろいろあります。

まず、ズラッと挙げてみますと、次のようなところが浮かびます。

・市役所・区役所などの相談会
・銀行・信託銀行・信用金庫などの金融機関主催の勉強会
・証券会社・保険会社などのセミナー

・各専門家の事務所における相談会
・葬儀会社、自治会などの相談会
・相続手続きを専門にしているセンターの相談会
・身内の事情をよくわかってくれている親戚・友人
・相続の経験がある近所の人

先の一覧表で、自分でできる手続きはほとんど終わったと思います。

しかし、専門的な手続きや、どうしても自分でやるには難しい手続き、1人でするには不安な手続きなどが残ってしまいます。

そして、相続の中でも一番大切な、

「身内同士での遺産分けの話をどう切り出していいのか」

ということで、悩まれる方は本当にたくさんおられます。

こういう場合は、自分の中だけで処理するのではなく、**必ず誰かに相談されること**をお勧めします。

身内で話をするときには、完全にどう分けるかということが決まっている場合を除いて、公平性が必要となります。財産が多いとか少ないとかは関係ありません。

第三者に相談するという最大のメリットは、この**公平性**です。

そして、手続きの**正確性**です。

遺産分けの話は、非常にデリケートな話ですから、きちんと基本的な情報を把握して、間違いがないようにあなた以外の身内に話ができないといけません。

これまでの手続きは、自分さえ足を運べば解決できた問題ですが、今度は、他の人の協力もなければ手続きが終わりません。

兄弟や姉妹の実印や印鑑証明などが必要となってきます。

今度は失敗は許されません。せっかくの円満な家族関係が、相続の手続きのやり方一つで、取り返しがつかないような状態になることもありますので、十分に気をつけてください。

どこに相談したらいいのかという質問の答えは、実は自分の中にあります。

「いったい何を相談したいのか」

それによって、相談する場所は違ってきます。

税金のことを相談したいのであれば税理士が詳しいですし、登記のことを相談したいのであれば、司法書士が詳しいです。

法律的な判断を相談したいときは弁護士が詳しいですし、年金などについて知りたいのであれば社会保険労務士が詳しいです。

何を相談したいかということは、非常に大事なことです。

車を買いたいと思っているのに、お花屋さんに相談しても解決しません。

家を建てたいと思っているのに、レストランに相談に行っても解決しません。

相談したい内容を自分の中ではっきりさせないと、解決するまでに時間がかかってしまうことになります。

とはいっても、何を相談したいかがわからないという方もおられるかもしれません。

そういう方は、相続の手続きを専門に扱っている機関やセンターなどに総合的に相談するといいでしょう。


でも、一つだけ間違って欲しくないことがあります。

それは、親戚や友人や近所の人に手続きの仕方について相談することです。

その人が必要だったことが、あなたにも必要であるとは限りません。その逆もまたしかりです。

「どんなところに相談したの」と聞くことは参考になると思いますが、どういう手続きをしたかは、聞かれたほうも言いにくいですし、正確な情報がないままアドバイスをすることなんてできないでしょう。

ですから、どうしても表面的なことしか答えることができないのです。

自分の家庭と人の家庭は違うということを、しっかりと認識して、相続の手続きはケースバイケースであるということを知っておいてください。

あなたが、「いったい何を相談したいのか」、そして、相談しようとしているところは、「いったいどんなことを相談できるのか」

ということを、自分の中ではっきりさせておくことは、非常に大事なことです。

この点が、はっきりとしていれば、必要な手続きもきちんとできると思います。

これで、相談したいところが、わかってきたと思います。ここから先は実を言うと、そこがどんなことをしてくれるのか、自分が望むことを本当にしてくれるのかを見極めることが重要なポイントとなってきます。

失敗しない方法　その４

■手続きを依頼するところを見極める

どこに何を相談したいかということが決まれば、手続きを依頼してもいいのかどうかを見極める必要があります。まず、そこでは、あなたがして欲しいことを話してください。

・一つの手続きだけをして欲しいのか。
・いろんな手続きを一括でして欲しいのか。
・どんな手続きをしていいのかわからないから一から相談したいのか。

そこが、本当にあなたがして欲しいことをしてくれるところなのか、確認してみることは必要です。

そして後々トラブルが起きないために、次の３つのことをきちんとしてくれるかどうかを確認しておくことが必要です。これは本当に信頼できるところかどうかの判断の役にも立ちます。

■チェック　その①　……見積りを出してくれるか

これはもう基本中の基本です。

どんな手続きにいくらくらいの費用がかかるのかは、当然知っておく必要があります。できる限り詳しい見積りを出してもらうことが必要です。

最後にたくさんの費用を請求されるよりは、事前にいくらくらいの費用がかかるかを知っておくほうが安心です。

実を言うと、手続きを依頼される側は、見積りを出すことで仕事の一部は終わっているのです。

どんな手続きが必要なのか見分けることが、時間がかかり大変な作業になることもあります。

手続きをする側としては、事前に正確な見積りを出すというのは、なかなかやりにくいですし、予想できない手続きが後で出てきたときに、値上げをすることも大変です。

見積りを出すということは、それだけ責任も出てきます。

逆に言うと、見積りが出せないところや、出し渋るところというのは、何か出せない理由があるところだと思います。

ただし、相談を受けただけで、その場で正確な見積りを出すことはとても難しいのです。

やはり、資料などを見たうえで、少しは時間がかかってしまうこともあるかもしれません。

次に確認することは、次の2点です。

■チェック　その②　……スケジュールを出してくれるのか

今後必要な手続きについて、次のように確認しておくことも大切です。

・どのような順番で
・誰がどれくらいの期間をかけて
・いつ手続きが終了するのか

いつから始まっていつ終わるのかがわからなければ不安です。

例えば、初盆までには終わるのかとか、年内には終わるのかとか、親戚の人に聞かれても困りますし、いつ終わるのかがわかると安心できます。

もう一つの効果として、依頼した手続きが早く進みます。

自分で作ったスケジュールというのはやらなくてはならない義務感がありますから、手続きを行う側にもプレッシャーがかかるからです。

スケジュールを作ってもらうと、担当者があなたの手続きを忘れにくくなるという効果もあります。

どんな仕事でもそうですが、一度にたくさんのことを抱えてしまうと、どうしても後回しになってしまうということがあると思います。

そんな中で、スケジュールが立っているものと、立っていないもの、もっと言うと、期限が決まっているものと、決まっていないものとでは、どちらを先にするかというのは目に見えています。

スケジュールを立ててもらうということは、隠れたこのようなメリットもあるのです。

■チェック　その③　……財産分けに必要な資料を作ってくれるのか

これからあなたが身内の方と、話し合いをするために、いくつか必要な道具があります。

その中の一つで、役に立つものとして、財産目録などの資料があります。

この資料があるのとないのとでは、あなたの説明のしやすさが全く違います。

そして、あなたの話の信頼性が増します。

遺産分けの話の中で、一番大切なことは、全員が同じ情報を持っているということです。全員が同じ土俵の上に上がれば、話もまとまりやすいものです。

「もっと財産があったはずだ」

「これだけしかなかった」

「そんなはずはない」

なんて会話はしたくないはずです。

スタート地点が最初から違っていると、反対方向に走っていく人もいれば斜めに走っていく人もいるので、なかなかゴールに着くことができません。

話し合いのスタート地点をはっきりさせるためにも、第三者にきちんとした話し合いの資料を作ってもらったほうが信頼性もありますし、公平性もあります。

もちろん相談する第三者に、隠したりだましたりしてはいけないことは当然です。

もしこの資料がなければ、あなた自身が、みんなに納得してもらえるよう、正確に伝えなくてはなりません。

資料があるのとないのとでは大違いです。

さて、ここまでやってくれるところなら、しっかりした機関や会社です。

あなたの不安も、少なくなっていると思いますが、最後に裏技を一つだけ教えます。

失敗しない方法　その5　最後の裏技

■お客様アンケートを見せてもらう

手続きをお願いするところを決める最後の方法として、「お客様アンケートをみせてもらえませんか？」と聞いてみてください。

依頼者や相談者のことを、しっかりと考えているところにとっては、まさに、「よくぞ聞いてくれました」でしょう。

スーパーでも、レストランでも、カレーのチェーン店でも、お客様アンケートという制度があって、お客様からの苦言や苦情、お褒めの言葉などを会社として収集しているのを見たことがあることと思います。

お客様アンケートというのは、サービスの基本です。

どんな仕事でも、お客様からの評判が悪ければ、誰も来てくれないことになってしまいます。

お客様アンケートを集めている会社は、そこに敏感なのです。

言い換えれば、どうすればお客様に満足していただけるか、常に考えているわけです。

だから、『お客様の生の声』を大切な情報源にしているわけです。

大クレームなどが社長宛に届こうものなら、担当者は大目玉でしょうし、逆に素晴らしいお褒めの言葉をいただけたなら、それが明日への活力となって毎日、より頑張ることもできるのです。

相続の手続きの場合も同じだと思います。

つまり、依頼者からのアンケートを大切にしているところほど、良心的な手続きをしている可能性が非常に高いのです。これは、間違いないと思います。

ぜひ、担当者に質問してみてください。

残念ながら、お客様アンケートを実施していないところもありますが、担当者がうれしそうに、『わかりました。これがですね、……』と説明し出したら、これは安心できます。

ただ、見せてくれるアンケートは、良いことを書いてくれたものばかりかも知れません。お叱りのアンケートなどは見せたくないのが本音ですから。

以上、いくつかの判断基準をお話してきましたが、あなたが合格点を出せるところだけが、あなたの味方です。

正直言って、なかなかいないように感じるかもしれません。

ですが、程度の差はあれ、あなたが合格点を出せるところであれば、それでよいのです。

ぜひ試してください。

そして、不合格だった場合、次のように言って断ってください。

「黙っていて悪かったのですが、親戚に専門家がいるので、お願いできないかもしれませんが、そのときは本当にごめんなさいね」

これだけでいいのです。
親戚の専門家ほど、信頼できるところはありません。
傷つけずに断ってあげてください。

あとがき

「はじめに」でも述べましたが、相続の手続きは簡単です。

「相続セット」を用意して、「所定の用紙」に実印を押すだけです。

家族の仲が良ければ、家庭裁判所も弁護士も必要ありません。

気を付けなければならないのは、手続きの漏れをなくすことだけです。


本来、相続というものは、家の文化や伝統を後世に引き継ぎ、身内の死という家族の危機を一家が団結して乗り越え、さらなる繁栄をするために、遺された遺産を有効に活用するものだと思います。家族力が試されるときなのです。


相続のときに、もめないようにするためには、先祖代々の家系図を作って、今自分がここにいる奇跡を感じながら、毎年一家全員でお墓参りに行くことだと、講演の中ではよくお話しさせていただいています。

遺産分けの話で、家族が断絶しても、誰も喜ぶ人はいません。

できるだけ円満に、スムーズにすべての手続きが終わることを、家族みんなが望んでいるはずです。


本書では、相続の現場から見て、伝えておきたいことをご紹介しました。

気を付けなければならない点を中心に、事例を含めて書いてきたつもりです。

今すぐ相続の手続きをしなければならない人、これから相続の準備をする人の参考に少しでもなったとしたら、これ以上嬉しいことはありません。

家族の絆がこれまで以上に深まるような、相続の手続きをされることを祈っております。

米田貴虎

平成28年7月

た　行

索　引

あ 行

か 行

さ 行

相続手続支援センターは、相続関係の相談窓口を一本化することを目的に設立されました。

まずは、無料相談を行い、必要に応じて別途、弁護士や税理士や行政書士などの専門家と共同で手続きを代行し、重複する手続きなどを省き、１箇所で手続きを全て完了することが出来、依頼者の負担を軽減することができます。

これまで非常に分かりにくく、不透明だった各専門家の報酬も、事前の見積書にて全て明示され、スケジュールを作成し、おおよその期間も明瞭になるため、いつ終わるか分からないといった不安もなくなります。

また、分かりづらい手続きが簡単に分かる「108 種類の葬儀後の手続きが一目で分るチェックリスト」や、「相続の手続きをスムーズに進めるための６つの方法」（小冊子 A5 版 70 頁）などを出版し、相談者が自分で行える手続は出来るだけ自分でしてもらい、出来ない手続をサポートするという姿勢で、遺族の方が一日も早く心の安らぎが得られるよう活動しています。

無料相談

まずは相続について、何でもお気軽にご相談ください。当センターのサポート内容、費用体系について詳しくご説明させていただきます。

事前調査

無料相談後、手間のかかる事前調査を依頼者に代わって行ない、必要な手続を確定、スケジュールと御見積を作成いたします。ここまでの工程はすべて無料で承っております。

相続手続

相続手続終了まで、当センターにて責任を持ってサポートいたします。

完了・納品

相続の手続終了後、相続の手続の資料をわかりやすく、一冊のファイルに整理して、お渡しします。

アフターサービス

相続手続終了後も、ご不明点・ご相談がございましたらお気軽にご連絡ください。

分かりやすく説明すると・・・

当センターのサービスの特徴は総合病院の受付です

相続の総合病院というイメージです。健康診断の代わりに事前調査を行い、病院の先生の代わりに専門家が対処いたします。専門的なご相談・手続については、センターの顧問弁護士・税理士・行政書士・社会保険労務士などが承ります。

初回相談から手続完了、アフターサービスまでの総合窓口

どんな手続が必要で、どのくらいの費用がかかるのか、事前調査

弁護士
遺産分割の調停など

税理士
相続税・確定申告など

司法書士
土地・建物の名義変更など

社会保険労務士
遺族年金・高額医療費など

相続手続支援センター®

東日本本部：東京都新宿区西新宿 6-16-6　タツミビル 11F　☎ 03-3343-3261
西日本本部：神戸市中央区八幡通 4-2-18　郵船ロジ・福本ビル７階　☎ 078-251-2064

相続手続支援センターのホームページより
http://www.souzoku-tetsuzuki.co.jp/

相続手続支援センターとは

約108種類ある相続手続きの内、「だれが」「何を」「いつまでに」すればいいかを整理し、相続手続きを「すべて一括して」お任せいただけます

【約108種類ある相続の手続】

当センター専門相談員と専門家（国家資格者）が行う手続きがあります

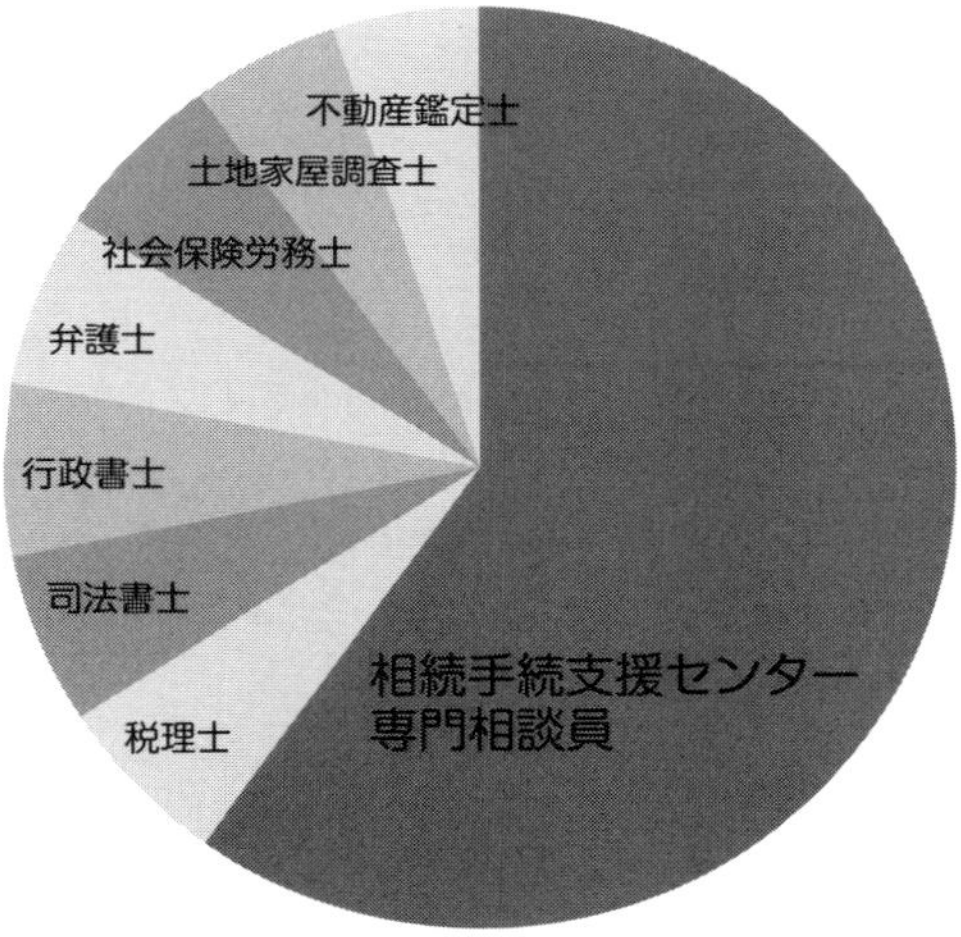

約108種類ある相続手続きのうち、半分以上は、士業（例：税理士、弁護士）があつかわない手続きですが、相続手続支援センターの専門相談員がサポートすることで、すべての相続手続きを丸ごとお任せいただける体制を実現しました。

遺産（預金・株券など）の名義変更といった、一般的な相続手続から、
不動産の名義変更、税務といった専門的な相続手続まで、相続に関するすべての相談を受け付け、
専門家と連携し、**相続に関する総合支援サービス**をご提供いたします。

相続の手続きは、故人の方が、何十年も社会生活を送ってきた総決算です。
その為に非常に多岐にわたり、必要な手続は108種類以上もあります。

これまで、登記・税務などの専門的な手続だけでなく、思ったより大変な預金、株などの名義変更など、一般的な手続のサポートにまで重点を置いているところはありませんでした。

そのためどこに相談すればよいか分らない人が多いほか、お勤めなどの理由で時間的に余裕が無く、悩む人も多いのです。

	支部名	〒	住　所	電話番号
19	神奈川	226-0025	（横浜）神奈川県横浜市緑区 十日市場町 861 番地 6	0120-978-640
		222-0033	（新横浜）神奈川県横浜市港北区 新横浜 3-7-19	045-474-3039
20	近畿	561-8510	大阪府豊中市寺内 2 丁目 13 番 3 号　日本経営ビル	0120-997-476
21	名古屋	453-0801	愛知県名古屋市中村区太閤 1-22-13　恒川ビル 3 階	0120-134-864
		444-0051	愛知県岡崎市本町通 1-12　サンアベニュービル 3 階	0564-24-5513
		444-0881	愛知県豊橋市広小路 1-18 ウェルプラザユメックス 5 階　トライアルビレッジ内	0532-54-5135
22	仙台	980-0821	宮城県仙台市青葉区春日町 7-32 パセオ 8F	022-214-0335
23	石川	920-0364	金沢市松島 2 丁目 191COM ビル 3F	076-269-8024
24	富山	931-8435	富山市小西（鶴ケ丘町）116 番地 1	076-452-2577
25	茨城	310-0804	茨城県水戸市白梅 4-1-25　すざくビル 5F 502 号室	029-291-5965
26	南大阪	596-0045	大阪府岸和田市別所町 1 丁目 22 番 15 号	072-447-7997
27	滋賀	523-0893	滋賀県近江八幡市桜宮町 294　YP-1　3 階	0120-783-424
28	宇都宮	321-0953	栃木県宇都宮市東宿郷 3-2-3　カナメビル 4F	0120-13-8719
29	福山	721-0965	広島県福山市王子町 1-2-24	084-926-7494
30	郡山	963-8023	福島県郡山市緑町 16-1	024-922-1321
31	京都南	612-0807	京都府京都市伏見区深草稲荷中之町 33 番地杉田センタービル	075-641-5705
32	三多摩	192-0081	東京都八王子市横山町 9 番 20 号　透 1 ビル 5 階	042-649-3951
33	城東	130-0012	東京都墨田区太平 3-3-12　アドバンス喜月ビル 3F	03-5819-0967
34	横浜駅前	220-0004	横浜市西区北幸 2-3-19　日総第 8 ビル 3F	0120-492-111
		210-0004	（川崎駅前支店） 川崎市川崎区宮本町 6-1　高木ビル 3F	044-589-6288
35	中京	460-0003	名古屋市中区錦 2-4-3 錦パークビル 13 階	0120-630-070
36	阪神	664-0882	伊丹市鈴原町 9-334-17	072-784-7633
37	なにわ	556-0014	大阪市浪速区大国 1-5-4　MK ビル 4F	0120-351-556
38	町田	194-0022	町田市森野 1-22-5 町田 310 五十子ビル 3F	0800-888-4017
39	山梨	400-0124	甲斐市中下条 906	055-277-9655
40	三重	510-0244	三重県鈴鹿市白子町 2926 パレンティーアオフィス 101	059-388-6700
41	奈良	630-8122	奈良県奈良市三条本町 3-9　アモールビル 1 階	0742-23-8653

相続手続支援センター支部名簿

	支部名	〒	住　所	電話番号
1	本部	160-0023	新宿区西新宿 6-16-6　タツミビル 11F	03-3343-3261
2	兵庫 （西日本本部）	651-0085	兵庫県神戸市中央区八幡通 4-2-18 郵船ロジ・福本ビル 7 階	078-251-2064
		662-0911	（西宮支店）西宮市池田町 3-3　小串ビル 3F	0798-34-0586
		668-0013	（豊岡支店）豊岡市中陰 152-1-101	0796-34-6564
3	北海道	064-0808	札幌市中央区南 8 条西 4 丁目 422 番地 GRAND PARK BLD	011-531-4003
		066-0063	（千歳支店）千歳市幸町 4 丁目 18 番地	0123-24-0132
4	埼玉	330-0854	埼玉県さいたま市大宮区 桜木町 4-241-1 荒井ビル 5 階	0120-048-432
5	新潟	940-0083	（長岡事務局）新潟県長岡市宮原 3-12-16	0258-35-3166
		950-0961	（新潟事務局） 新潟県新潟市中央区東出来島 6 番 13 号	025-280-9008
6	福井	910-0006	福井市中央 2 丁目 3-18 稲澤ビル 1F	0776-21-3550
7	三河	472-0035	愛知県知立市長田 1-11	0566-83-3055
8	長崎	852-8153	長崎県長崎市花丘町 10-12-501 （郵便は 852-8008 長崎市曙町 4-9 へ）	095-801-4280
9	千葉	260-0042	（千葉事務所） 千葉県千葉市中央区椿 森 3-4-3　105	043-287-3800
10	静岡	410-0022	（沼津オフィス）静岡県沼津市大岡 877-6	0120-397-840
		422-8041	（静岡オフィス） 静岡県静岡市駿河区 中田 4-2-6　2F	054-287-0056
		430-0946	（浜松オフィス）静岡県浜松市中区元城町　219-21 浜松元城町第一ビルディング 7F	053-543-6781
11	群馬	370-0006	（高崎事務所） 群馬県高崎市問屋町 4-7-8 高橋税経ビル 4F	027-363-5959
		371-0024	（前橋事務所）群馬県前橋市表町 2-28-8	027-223-3446
12	横浜	220-0037	神奈川県横浜市鶴見区向井町 1-30-20	045-508-0135
13	岐阜	505-0027	岐阜県美濃加茂市本郷町 6-7-30	0574-27-7505
14	香川	760-0062	香川県高松市塩上町 3-1-1	087-834-0122
15	和歌山	640-8341	和歌山県和歌山市黒田 87-7	073-471-5002
16	大阪	532-0011	大阪府大阪市淀川区 西中島 7-1-26-707	0120-783-482
17	東信	386-0005	長野県上田市古里 692 番地 2	0268-25-6789
18	京都	604-0886	京都府京都市中京区丸太町通 東洞院東入関東屋町 671 番地	075-211-6677

＜著者＞

相続手続支援センター

全国の大手会計事務所や司法書士事務所及び行政書士事務所やFP事務所を中心に、北海道から九州までの52カ所に拠点を設置。
グループ全体で、5万件以上の相続の相談実績を持つ、相続業界の最大手(平成28年6月現在)
預金や株式の解約など暮らしの手続きから、専門的な手続きまで108種類の相続に関する手続きを全てサポートする。連携する専門家の数は400名以上。

相続手続支援センター　東日本本部　http://www.souzoku-tetsuzuki.co.jp
相続手続支援センター　西日本本部　http://www.souzoku-tetsuzuki.com
E mail：info@souzoku-tetsuzuki.com

＜執筆＞
米田貴虎(よねだ　たかとら)
相続手続支援センター 西日本本部 代表　株式会社ブレーントラスト 代表取締役。
3000件の相続現場全てを解決した相続のプロフェッショナル。
神戸学院大学法学部卒業後、専門家事務所等を経て、阪神淡路大震災でのボランティアと祖母の死を原体験として、平成13年に友人の父の死をきっかけにセンターを設立。
実際の経験を基に、相続・遺言・後見・エンディングノートなど、重たいテーマを楽しく笑いに変える講演を、年間50回程度行う。相続の表とウラを実例を交えてたっぷりと話し、たった1回の講演で参加者の行動を変化させるセミナー講師として活躍。

事例提供：相続手続支援センター 事例研究会

備考　弁護士による法律監修は受けておりますが、本文及び事例は、理解しやすいように表現しております。実際の業務は、弁護士法、司法書士法、税理士法等の各法令を遵守して業務を行っております。

新版　事例たっぷり！　絶対に失敗しない相続の手続き

2013年7月10日　初版第1刷発行
2016年9月15日　新版第1刷発行

著　者　相続手続支援センター
発行者　酒井　敬男
発行所　ビジネス教育出版社

〒102-0074　東京都千代田区九段南4－7－13
TEL 03-3221-5361（代）FAX 03-3222-7878
E-mail info@bks.co.jp　URL http://www.bks.co.jp

落丁・乱丁はお取り替えします。　印刷・製本　萩原印刷株式会社

ISBN978-4-8283-0625-4　C0036